DE ROBERTO A LEÓN

Colección Testimonios

27

ARMANDO JESÚS LOVERA VÁSQUEZ

DE ROBERTO A LEÓN

Amistad, memoria y misión

© Ediciones Mensajero, 2025
Grupo de Comunicación Loyola
Padre Lojendio, 2
48008 Bilbao – España
Tfno.: +34 944 470 358
info@gcloyola.com
gcloyola.com

Diseño de cubierta:
Félix Cuadrado Basas (*Sinclair*)

Impreso en España. *Printed in Spain*

ISBN: 978-84-271-5097-3
Depósito legal: BI-1057-2025

Fotocomposición:
Marín Creación, S. C. – Burgos / www.marincreacion.com

Impresión y encuadernación:
GZ Printek, S. A. L. – Zamudio (Vizcaya) / www.gzprintek.com

El 4 de septiembre de 2025 informé al Santo Padre de que este libro estaba a punto de ser publicado. Le confesé también mi deseo de que escribiera unas palabras introductorias. Me respondió con la serenidad de quien lleva en la memoria lo esencial:

–Pon lo de la Vigilia del Jubileo de los Jóvenes:

«La amistad con Cristo, que está en la base de la fe, no es solo una ayuda entre muchas otras para construir el futuro, es nuestra estrella polar... Ámense los unos a los otros. Ámense en Cristo. Sepan ver a Jesús en los demás. La amistad puede cambiar verdaderamente el mundo. La amistad es el camino hacia la paz»[1].

Después añadió:

–Eres un buen amigo.

---

[1] Diálogo del Santo Padre con los jóvenes en la Vigilia del Jubileo, Tor Vergata (Roma), sábado, 2 de agosto de 2025.

A la familia Prevost: en su seno se encontró con Dios, en los gestos de cada día. Allí germinó su vocación.

A la Orden de San Agustín: en sus claustros se templó el hermano y amigo que busca a Dios en comunidad con una sola alma y un solo corazón.

A los pueblos del Perú: lo acogieron y se hizo Iglesia: como amigo, compañero, presbítero y obispo.

A los agustinos de España: al escuchar la llamada del papa León XIII, se internaron en la selva norte del Perú. Evangelio en la mano. Paciencia en las canoas.

A todos los amigos de Robert Prevost: en sus palabras y en sus gestos hemos reconocido, una y otra vez, el rostro del Amigo que nunca falla: Jesús.

Índice

ÍNDICE

AGRADECIMIENTO

Doy gracias a todos los amigos que me acompañaron en esta aventura.

A los del Grupo de Comunicación Loyola, por presentarme la propuesta y facilitarme tiempo y espacio para llevarla a cabo.

A Íñigo Ybarra Morell, por animarme a escribir lo que llevaba dentro, por ayudarme a ordenar ideas y por su valiosa investigación sobre la familia Prevost.

A Tanito (Ángel Antonio Pérez Gómez), que me hizo ver en este proyecto una oportunidad para presentar a un amigo que conduce a Jesús.

A las familias Concejo, Álvarez-Ossorio y De la Cueva, que con su compañía, lecturas y comentarios atentos me ofrecieron impresiones, sugerencias y correcciones.

A mi madre, cuya oración se hizo más intensa desde que le conté que me ponía a escribir.

A mi suegra, que vino desde Perú a echarme una mano.

A Nathalie, Jey y Nath: vosotras sois mi todo. Habéis sabido soportar mis noches de desvelo y mis ausencias en el despacho, aceptando que me perdiera momentos juntos. Este libro está hecho también de vuestros silencios, de vuestras esperas y de vuestra paciencia.

Y, cómo no, al Santo Padre León XIV: por la confianza de permitirme hablar de él y, sobre todo, de su amistad con Jesús, el amigo que nunca falla.

PRESENTACIÓN

La historia suele recordar pocos nombres y olvida que lo decisivo se teje con muchas manos. En ese segundo plano está la amistad: rara vez protagonista, siempre cimiento. Sostiene en el cansancio, acompaña en los silencios y recuerda que nadie camina del todo en soledad.

Toda gran vida tiene ese hilo invisible. Así ocurrió con León y Francisco de Asís, Ana de San Bartolomé y Teresa de Jesús. Y también Agustín y Nebridio: compañeros de estudios y buscadores insaciables de la verdad. En esa relación, Agustín intuyó lo que más tarde llamaría «unión de almas y corazones»: caminos singulares que se entrelazan hasta formar una sola historia; germen de su visión madura de la amistad y la comunidad.

En 1991 se conocieron Armando Lovera y Robert Prevost. A Armando le habían advertido: «es estadounidense y canonista». Con esa presentación, lo imaginó distante, de trato solemne y con el aire formal de los académicos. Encontró, en cambio, cercanía, un español fluido y una calidez desarmante: raíces familiares, experiencia pastoral profunda y entusiasmo por el Perú. Aquella tarde nació una amistad: Robert pasó a ser, simplemente, Roberto, o el padre Roberto.

8 de mayo de 2025

18:15

El grupo de WhatsApp de la oficina SJDigital del Grupo de Comunicación Loyola, se activa: alguien ya había visto la fumata.

–*¿Habemus papam?*

–*Habemus…* pero no sabemos quién… (Armando).

–*Habemus*, no «sabemus».

–Silogismo… Si no soy yo, es otro… (Armando, de nuevo).

18:36

La espera continúa. Armando escribe:

–Esperar y acoger…

19:14

Llega el anuncio.

–¿León XIV?

–Norteamericano. Prevost. Fantástico, creo (este era yo).

–69 años…

Armando no tardó en responder:

–¡Es mi amigo del alma!

A finales de 1998, Robert viajó a Chicago para el capítulo de su provincia agustina. Armando lo acompañó de Trujillo a Lima, con la intuición de que aquella despedida no sería como las anteriores. No se equivocaba: en Chicago, Robert fue elegido prior provincial, lo que implicaba dejar el Perú y volver a su ciudad natal.

Después vendrían Roma, Chiclayo, el Dicasterio, el cardenalato y, finalmente, el 8 de mayo de 2025. Tras la muerte de Francisco y el comienzo del cónclave, otra intuición volvió a asaltar a Armando.

He compartido con Armando horas de conversación. La despedida de estos amigos en Perú fue clave, pues desde entonces ambos caminaron por rutas distintas, a veces paralelas, en ocasiones cruzadas. Sin embargo, bajo la superficie, el hilo se mantuvo firme. Es lo que san Agustín llama amistad del alma: unión que resiste distancias y épocas, porque hunde su raíz en Dios. Allí la amistad se ensancha: ya no son dos, son tres. Dios no mira desde fuera; es el centro donde los caminos se encuentran.

Vivida así, la amistad no depende de la frecuencia de los encuentros, sino de la orientación última de la vida. Cada gesto y cada palabra se insertan en esa comunión: Dios como testigo, garante y fuente. Por eso, para Agustín, la verdadera amistad no la quiebra la distancia ni la muerte: en Dios permanece viva y fecunda.

Este libro quiere ser un homenaje a esa amistad que también ilumina el paso de un hijo de san Agustín a sucesor de san Pedro, de Robert Prevost a León XIV. En sus páginas, la amistad aparece como un hilo que lo recorre todo y se entrecruza en varios planos. Está la amistad de Armando con Robert, forjada en los años compartidos y condensada en aquella frase breve y certera en el chat del WhatsApp el día de su elección: «mi amigo del alma». Está la amistad de Robert con tantos hombres y mujeres que marcaron su historia, desde Chicago, las comunidades sencillas de Chulucanas, Trujillo y Chiclayo hasta los hermanos agustinos de distintos países y los compañeros de servicio en la Curia de Roma, cada uno dejando una huella que lo sostuvo y lo moldeó.

Está la amistad de Robert Prevost con Francisco, el papa jesuita que supo reconocer en él a un hermano cercano, alguien con quien compartir confianza y complicidad en medio de la carga de la Iglesia.

Por encima de todas está la amistad de Jesús, el Cristo: la que da consistencia a las demás y explica que un agustino norteamericano, de corazón peruano, llegue a ser pastor universal. Jesús fue sembrando en Robert amistades verdaderas que lo cuidaron y empujaron la obra de Dios en él. Junto a ello brilla su amor a María, «Madre del Buen Consejo», amiga fiel en su vocación, a quien confía cada paso.

Este libro que tienes en tus manos acabará en su última página, pero la amistad que lo inspira seguirá latiendo. Por eso quiero dar gracias. A Armando por compartir la bendición de su amistad con el papa León XIV, por escribir, cribar recuerdos, escuchar y dejarse aconsejar: por abrirme a una amistad tan suya y a la vez universal. Gracias a Nathalie, que ha sabido sostener con cariño y paciencia a Armando en este trayecto, y a las pequeñas Jimena y Nathalie, que con su sola presencia le han recordado en todo momento que la vida siempre apunta hacia adelante. Y gracias, cómo no, al Santo Padre León XIV, por la confianza con que alentó este proyecto nacido de uno de sus amigos del alma.

Al final, todo se reduce a reconocer que la historia de un papa también se escribe con los nombres de quienes lo acompañan.

Sin amigos impulsados por el Espíritu, ni Robert ni León serían lo que hoy son.

Íñigo Ybarra Morell
En Limpias (Cantabria), a 28 de agosto de 2025.
Fiesta de san Agustín.

1

ACCEPTO

Resonó el primer nombre en la Capilla Sixtina.

Bajo la visión del *Juicio Final* de Miguel Ángel, comenzaba el recuento: ciento treinta y tres papeletas. Era la cuarta votación del cónclave, la decisiva, la tarde del 8 de mayo de 2025.

Frente al altar, los tres escrutadores ejecutaban su tarea con precisión. El primero desdoblaba la papeleta y registraba el nombre. El segundo confirmaba que el registro fuera exacto. El tercero lo proclamaba para que todos siguieran el recuento. Luego atravesaba la papeleta con una aguja y la ensartaba en un hilo que las reuniría a todas: signo tangible de que ninguna se perdería, de que todo quedaba recogido en una sola voluntad.

Desde los primeros votos, su nombre empezó a imponerse. Dieciocho... Cincuenta y cinco... Si no fuera por la voz del escrutador, se habrían oído los latidos acelerados y la respiración contenida.

En la primera votación –celebrada el día anterior– ya se contaba entre los tres cardenales más respaldados.

Las votaciones de la mañana reforzaron su ventaja, dejándolo a un paso de la cifra requerida. Por eso, mientras el autobús trasladaba a los electores a la Capilla Sixtina para la cuarta votación, el cardenal Francisco Robles Ortega[1], sentado a su lado, le dijo:

—Asumo que estoy viajando en su último trayecto como cardenal.

—Lo que sea la voluntad de Dios —respondió con serenidad—.

Con setenta y tres, la certeza flotaba en el aire. El recogimiento se tensaba; la alegría pedía paso.

Ochenta y cinco: el pronóstico del cardenal Giovanni Battista Re[2] estaba por cumplirse: «Esta tarde conoceremos al nuevo papa».

Ochenta y nueve era el umbral.

Llegó el voto decisivo. Al oír la primera sílaba de su nombre, algunos se pusieron de pie; otros buscaban su rostro. El silencio, denso hasta entonces, se rompió en aplausos.

Él seguía sentado. Alguien lo tomó del brazo y lo puso de pie.

Días más tarde, el cardenal Pablo Virgilio David[3] evocaría aquel instante: «A todos nos salían las lágrimas».

---

[1]   José Francisco Robles Ortega, cardenal mexicano, arzobispo de Guadalajara.

[2]   Giovanni Battista Re, cardenal italiano, decano del colegio cardenalicio desde enero de 2020. Presidió la misa exequial del papa Francisco y coordinó la organización del cónclave. Por su edad, no pudo participar en la elección.

[3]   Pablo Virgilio David y Siongco, cardenal filipino, obispo de Kalookan.

También el cardenal Ángel Sixto Rossi[4]: «Fue una experiencia de alegría, una especie de consuelo muy fuerte, más de lo que uno supondría».

El escrutinio avanzaba y los apoyos crecían. Cuando se aproximaban al centenar, el cardenal Pietro Parolin[5] pidió a quienes se habían puesto de pie que volvieran a sentarse.

En su sitio, el cardenal Robert Prevost[6] permanecía inmóvil. Al igual que Elías en la cueva, parecía escuchar más el susurro del Espíritu que lo había conducido hasta allí que el estruendo que lo rodeaba[7].

En los días previos se había limitado a recordar lo esencial: el cónclave era tiempo de oración y discernimiento.

¿Qué sentía entonces aquel hombre?

Quizá ni él mismo sabría explicarlo con palabras.

En su interior se imponía el peso de la misión que se le confiaba, y a la vez una paz honda: la que llega cuando se acoge lo que el Señor da: «Dame lo que me pides y pide lo que quieras»[8].

En medio de tantas miradas, percibió un rostro conocido, cercano; y en la repetición cadenciosa de su apellido –«Prevost, Prevost, Prevost»– reconoció la voz de Jesús, su amigo.

---

[4] Ángel Sixto Rossi, jesuita, cardenal argentino, arzobispo de Córdoba.

[5] Pietro Parolin, cardenal italiano, secretario de Estado de la Santa Sede desde octubre de 2013 hasta la muerte del papa Francisco.

[6] Robert Francis Prevost, agustino, cardenal estadounidense y peruano, prefecto del Dicasterio para los Obispos desde enero de 2023 hasta la muerte del papa Francisco.

[7] Véase 1 Reyes 19,9-13.

[8] SAN AGUSTÍN, *Confesiones*, X, 29, 40.

Evocó el momento, en la orilla del Tiberíades, cuando el Nazareno miró al Pescador y le preguntó por tercera vez: «Pedro, ¿me amas?». Así sintió la llamada.

Y al igual que Pedro entonces, respondió desde lo más íntimo y elevado de su ser[9]: desde ese núcleo más secreto y sagrado donde el hombre se sienta a solas con Dios[10]: «Señor, tú sabes que te quiero».

Al mirar a sus hermanos cardenales, oyó el encargo: «Apacienta mis ovejas»[11].

Fue un diálogo silencioso con la Palabra; lo aprendió de joven con los *Soliloquios* de san Agustín: hablar con Dios desde lo más hondo, buscándose por dentro hasta encontrarse con él.

La Palabra habló y él se puso a su disposición.

Suspiró.

A su lado, el cardenal Luis Antonio Tagle[12] percibió su tensión. Metió la mano en el bolsillo de su sotana y, con gesto cómplice, le ofreció:

–¿Quieres uno?

Asintió. Era un caramelo.

Lo tomó y respiró aliviado.

No estaba solo. Quienes lo habían elegido para esta nueva misión estaban con él.

Poco después el recuento terminó. Durante unos segundos nadie se movió. Todo quedó suspendido.

---

[9] SAN AGUSTÍN, *Confesiones*, III, 6, 11.

[10] Concilio Vaticano II, *Gaudium et spes*, 16.

[11] Véase Juan 21,15-17.

[12] Luis Antonio Tagle y Gokim, cardenal filipino, prefecto del Dicasterio para la Evangelización desde junio de 2022 hasta la muerte del papa Francisco.

«Obtuvo mucho más de cien votos», comentaría el cardenal Désiré Tsarahazana[13]. El cardenal Jean-Paul Vesco[14]: «Tiene detrás a todo el colegio cardenalicio».

Alguno, inclinando la cabeza, agradeció al Espíritu Santo haberlos guiado y permitido cumplir la tarea en tan breve tiempo[15].

El cardenal designado se acercó al elegido y le formuló la pregunta:

–*Acceptasne electionem de te canonice factam in Summum Pontificem?*[16]

El cardenal Prevost alzó la mirada.

En ese instante, tal vez le pasaron por el alma los rostros amados, los lugares donde sirvió, la memoria de una vida entregada desde el servicio de monaguillo hasta la cátedra episcopal.

De niño, vio a sus padres rezar cada día el rosario por las intenciones del papa[17]. Ahora, aquellos rezos, vivos en su memoria, ardían en su corazón. Bajó la mirada. El amor lo desbordó.

---

[13] Désiré Tsarahazana, cardenal malgache, arzobispo de Toamasina.

[14] Jean-Paul Vesco, dominico, cardenal francés, arzobispo de Argel.

[15] El cardenal Luis José Rueda Aparicio, arzobispo de Bogotá, dijo: «Estamos felices, el Espíritu Santo nos ha guiado». En la misma línea, el cardenal Arlindo Gomes Furtado, obispo de Santiago de Cabo Verde, declaró: «El Espíritu Santo elige, los electores confirman».

[16] ¿Aceptas tu elección canónica como Sumo Pontífice?

[17] En 1879, el papa León XIII incluyó dentro de la misión del Apostolado de la Oración, hoy Red Mundial de Oración del Papa, una intención mensual. Los padres del papa León rezaban por esa intención mensual todos los días, justo antes de dormir.

Miró al cardenal que le hacía la pregunta. Respiró hondo. Pronunció la respuesta que ya había dado al Señor en su interior:

–*Accepto*[18].

Todos se levantaron; el aplauso estalló.

El encargado pidió silencio. Faltaba otra pregunta:

–*Quo nomine vis vocari?*[19]

–*Vocabor Leo*[20].

El nombre bastó: León XIII acudía a la memoria. Él sería León XIV.

Así comenzaba su pontificado.

Un escrutador encendió la chimenea. Las papeletas del recuento, cosidas en un mismo hilo, fueron arrojadas al fuego; ardieron juntas y en las brasas quedó sellada la voluntad del cónclave. Mientras, el recién elegido papa fue llevado a la Sala de las Lágrimas.

Minutos después, la señal.

Sobre el tejado de la Capilla Sixtina, una columna de humo blanco se alzaba.

Las campanas de San Pedro y de toda Roma repicaban con júbilo, anunciando la buena noticia: *Habemus papam*.

La plaza vibraba. Desde callejones y avenidas, la multitud avanzaba hacia ella.

Una anciana rezaba un rosario con los dedos temblorosos.

Un padre alzaba a su hija sobre los hombros para que viera mejor.

---

[18] Acepto.
[19] ¿Con qué nombre deseas ser llamado?
[20] Deseo ser llamado León.

Presbíteros y obispos, encendidos por el mismo anhelo, aguardaban en silencio.

La mirada de todos se dirigía a lo alto, al balcón central vacío que pronto daría un nombre y un rostro al sucesor de Pedro.

Los hijos de la Iglesia acudían a su encuentro. Sin conocerlo, ya seguían su paso.

Quien espera al Pastor ya camina con él[21].

---

[21] Monseñor Luis Javier Argüello García, arzobispo de Valladolid, y presidente de la Conferencia Episcopal Española desde marzo de 2024, ante la elección de León XIV declaró: «La Iglesia española se alegra de una manera extraordinaria en poder acoger a este nuevo papa que ha sido obispo en tierras del Perú y que ha vivido junto al papa Francisco en la responsabilidad del Dicasterio para los Obispos… Acojamos con alegría y reconocimiento este nuevo don que nos ha hecho el Espíritu Santo a través del colegio de cardenales y vivamos la llamada que nos ha hecho de anunciar a Jesucristo y a vivir en comunión, juntos, como pueblo peregrino, lo que ya el papa Francisco había iniciado… Que el Señor bendiga a León XIV. Que la Virgen le cuide e interceda por él y por toda la Iglesia».

Recojo también la declaración de monseñor Timothy Paul Andrew Broglio, arzobispo y presidente de la Conferencia de Obispos Católicos de Estados Unidos: «En comunión con los católicos de todo el mundo, los obispos de Estados Unidos ofrecen oraciones de acción de gracias por la elección de Su Santidad el papa León XIV… Nos alegra que un hijo de esta nación haya sido elegido por los cardenales, pero reconocemos que ahora pertenece a todos los católicos y a todas las personas de buena voluntad. Sus palabras en defensa de la paz, la unidad y la actividad misionera ya indican un camino a seguir. Confiando en el Espíritu Santo, también oramos para que el Santo Padre, como sucesor de san Pedro, goce de serenidad en su ministerio y sea un pastor vigilante y sabio que nos confirme en la fe y llene el mundo con la esperanza inspirada por el Evangelio de Jesucristo».

El mensaje de los obispos del Perú con motivo de la elección del papa León XIV: «Los obispos del Perú, con profundo gozo y gratitud, compartimos con todo el pueblo del Perú la inmensa alegría por el nombramiento del cardenal Robert Francis Prevost, Su Santidad León XIV, como nuevo pastor universal de la Iglesia. El Santo Padre conoce nuestra tierra en profundidad: desde las arenas calientes de nuestras costas, la indomable fuerza de nuestra sierra y el corazón verde de nuestra Amazonía. En su paso evangelizador por nuestro Perú fortaleció la fe con su mensaje atento a las necesidades de los humildes, con su palabra sabia y prudente que educaba en la búsqueda de la verdad, con su cercanía afable a todos, creyentes y lejanos, siempre movido por el amor a Jesucristo. En este Jubileo de la Esperanza nos sentimos bendecidos por el Señor. Damos gracias a Dios por haber escogido a un hombre cuyas virtudes humanas, espirituales y pastorales son muy grandes. Hemos tenido el privilegio de conocer de cerca su testimonio de vida y su servicio a los más humildes [...]. Elevamos nuestras oraciones al Señor para que le conceda un pontificado fecundo y luminoso, guiado por el Espíritu Santo, para gloria de Dios y salvación del mundo. Que su ministerio sea fuente de unidad, esperanza y renovación para toda la humanidad... Que el Señor de los Milagros y la Virgen María, Madre de la Iglesia y Madre Nuestra, santa Rosa de Lima y san Martín de Porres, lo acompañen siempre en esta alta y santa misión al servicio de la Iglesia y de la humanidad».

Por último, la declaración de los agustinos: «[La Orden de San Agustín] desea expresar al papa León XIV sus más vivas y afectuosas felicitaciones, invocando del Señor abundantes gracias sobre él y sobre su magisterio. Gracias sobre gracias que se extiendan sobre toda la Iglesia y sobre toda la humanidad. Estos deseos quieren ser también expresión de gratitud por la paternidad y la pasión con que ha guiado la Orden como prior general durante 12 años (de 2001 a 2013) y por el fiel y coherente testimonio de consagración y ministerio, vividos a la luz del carisma y las enseñanzas de san Agustín. Reiterando con entusiasmo la firme comunión con el Santo Padre por parte de todos los religiosos de nuestra querida Orden, el prior general renueva el compromiso de los agustinos de servir a la Iglesia en su misión. Le aseguramos nuestra asidua oración por su persona y por el magisterio petrino y nos encomendamos a su paterna bendición. Que la Virgen María, a quien veneramos hoy con el dulce título de "la Divina Gracia", el santo padre Agustín, santa Mónica y todos los santos y beatos de la Orden, custodien y sostengan su ministerio como sucesor del apóstol Pedro y animen a la Iglesia a caminar juntos en la fe y con valentía».

2

CONFÍO EN TI

No hay amistad verdadera sino entre
aquellos a quienes tú aglutinas entre sí
por medio de la caridad.
San Agustín, *Confesiones*, IV, 4, 7.

Nunca una sucesión papal me había tocado tan hondo.
Leía, escuchaba, miraba las noticias con avidez. No buscaba datos, sino una señal.

Antes de que quedara incomunicado, me apresuré a saludarle:

—¿Cómo estás?

Había decidido no decirle nada.

—Bien..., tranquilo —respondió con esa serenidad tan suya—.

Yo, en cambio, no lo estaba. Su nombre empezaba a aparecer con más frecuencia en las quinielas para el próximo papa. Unos destacaban su experiencia como misionero, pastor y gobernante; otros lo llamaban «hombre de puentes», capaz de restaurar lo que estaba roto. Decían que su trayectoria en Perú lo hacía único entre los cardenales estadounidenses.

–¿Sabes que estás a punto de vivir un momento histórico?

–Soy consciente. Oremos para que el Espíritu Santo guíe a los cardenales y elijan al papa que la Iglesia necesita.

–Algunos periodistas te ven papable –me atreví a decirle, rompiendo mi propósito de no tocar el tema–.

–Entonces, no están bien informados –respondió con ironía–.

Dentro de la propia Orden de San Agustín hubo quienes se permitieron imaginarlo. El padre Miguel Ángel Martín Juárez, que fue secretario general de la curia mientras él ejercía como prior general durante doce años, recogió las insinuaciones de la prensa y escribió sin ambages en la web de los agustinos de España: «¿Por qué no vamos a soñar un poco?»[1].

---

[1] «Se me ha pedido que escriba unas líneas sobre la participación de nuestro hermano Robert Prevost en el próximo cónclave, a celebrarse a partir del próximo miércoles 7 de mayo. Lo hago partiendo de mi amistad y el gran afecto que tengo a Roberto, con quien conviví 12 años en la Curia General (2001-2013), siendo yo secretario general… El cardenal Prevost es tranquilo, reservado, discreto, equilibrado, trabajador. Se dice que "si Francisco decía enseguida lo que pensaba, él se para un momento para pensarlo bien" […]. Así pues, a la vista de estas cualidades, no es extraño que en varios medios de comunicación se le indique como uno de los "papables" en el próximo cónclave. Basta citar los artículos que han aparecido en la página web oficial del Vaticano, *Vatican News*, el 22 de abril, al día siguiente de la muerte del papa Francisco; en el *National Catholic Reporter*, del 30 de abril, y en el *New York Times* del 2 de mayo. Y también en otros periódicos y medios de comunicación. De cualquier modo, ya sabemos el valor que tienen estas previsiones. Y a la vista de todo, digo yo, ¿por qué no vamos a soñar un poco…?». En: https://loyol.ink/oqxnd. La última consulta de esta URL, *y de todas las demás citadas en este libro* tuvo lugar el 11 de agosto de 2025.

Al leerlo, me vino a la memoria una conversación entre amigos que en aquel momento consideré surrealista. Hoy me suena profética.

Era 2021. Dos amigos agustinos, presbíteros[2], me dijeron sumamente convencidos: «El padre Roberto va a ser el próximo papa».

Consideré aquellas palabras un simple gesto de gratitud hacia quien los había formado. Pero en vísperas del cónclave regresaban con fuerza a mi memoria: ya no sonaban ingenuas. Traían consigo un peso que me inquietaba, cuya cercanía percibía –sin razón alguna– como inminente.

A esa inquietud se añadían las reapariciones de la vieja acusación de encubrimiento que le atribuían cuando era obispo de Chiclayo: falsa sí, pero obstinada[3] y más aún en aquellos días[4]. Como si alguien se empeñara en minar sus posibilidades de ser elegido.

---

[2] Uno de ellos muy piadoso y carismático y el otro, todo lo contrario, más liberal. La amistad que genera unidad en la diversidad es una de las características de la espiritualidad agustiniana.

[3] El programa *Cuarto Poder* emitió un reportaje el 8 de septiembre de 2024 titulado: «Exobispo de Chiclayo mantuvo en silencio casos de abuso sexual». El 10 de septiembre, la Oficina de Medios de Comunicación Social de la diócesis de Chiclayo publicó un comunicado negando la acusación del programa. Puede leerse el comunicado en: https://loyol.ink/t8z9u

[4] Uno de esos portales fue *InfoVaticana*, el 3 de mayo publicó «El informe Prevost al descubierto» (en: https://loyol.ink/ngurj). El 6 de mayo, Jaime Gurpegui describía así a Prevost: «Ayer vimos el retrato del candidato derrotado: un hombre frustrado porque las sombras de su pasado han salido a la luz y, con ellas, sus aspiraciones al papado se desmoronan» (en: https://loyol.ink/bpkt2). Me ha llamado la atención el cambio que han tenido: «Nosotros, en *InfoVaticana*, decidimos no insistir en ese pasado desde que fue elegido papa, por respeto a su cargo y por no entorpecer su misión» (en: https://loyol.ink/ndmyc).

Le comenté:

–Y los de siempre insisten con las denuncias de encubrimiento[5].

–Sí, una pena –contestó–. Si creen que tengo alguna opción, ellos también están desinformados.

Por las respuestas comprendí que estaba en paz, sereno.

–Haré lo que dices: rezaré para que el Espíritu Santo guíe a los cardenales. Y rezaré también por ti.

Guardé para mí lo que intuía. No se lo dije. No era la primera vez que algo se me adelantaba en el alma.

8 de mayo de 2025

18:10

Llegamos a casa y en breve debíamos salir a las clases deportivas: mis hijas a natación y yo a pádel. De pronto, una notificación en el móvil: «Vaticano: fumata blanca».

Tras la fumata negra de mediodía, pensé que el cónclave se alargaría. Pero recordé lo que había dicho el periodista Nelson Castro: «Atentos a un cardenal cuyo nombre empieza por "P", pero no es Parolin»[6].

Lo demás lo completó mi alma: era Roberto.

Puse la transmisión de *Vatican News* en el móvil.

---

[5] El cardenal Pedro Barreto (Pedro Ricardo Barreto Jimeno, jesuita, cardenal peruano, arzobispo emérito de Huancayo), al percatarse de esto, no dudó en escribirle: «Por favor, Roberto, no te amilanes».

[6] Comencé a seguir la cobertura de Nelson Castro por su cercanía al papa Francisco. Sus informaciones, difundidas mientras el cónclave aún se desarrollaba, me sorprendieron e inquietaron: Véase: https://loyol.ink/ud6pc También: https://loyol.ink/txokm

19:00

Llegamos al polideportivo de Huerta del Rey, en Valladolid. Dejé el móvil a mis hijas.

–Jey, Nat: cuando abran las puertas del balcón, avisadme.

Entré a la pista de pádel. Ellas, junto a la reja, seguían la transmisión.

No pasó mucho.

–¡Papá… abren la puerta!

Corrí hacia ellas.

Cuando el cardenal protodiácono Dominique Mamberti[7] pronunció *Robertum*, sentí un filo cruzándome el alma.

Y al oír *Franciscum*, no tuve duda: era él.

Había elegido llamarse León XIV.

Me arrodillé. Las lágrimas cayeron, lentas.

Cubrí el rostro con las manos.

Pensé en él. Su mirada, su voz, su sonrisa.

Su «saber» ser y estar con los demás.

En el chat de la oficina de SJDigital surgió la pregunta sobre el nuevo papa. Yo, conmovido, solo pude escribir: «Es mi amigo del alma»».

Mis niñas gritaban y saltaban, como si la selección hubiera ganado un mundial:

–¡El padre Roberto es el papa! ¡El padre Roberto es el papa!

Todavía afectado, les pedí que bajaran la voz. Que guardáramos esto para nosotros.

---

[7] Dominique François Joseph Mamberti, cardenal francés, prefecto del Tribunal Supremo de la Signatura Apostólica desde 2014 hasta el fallecimiento del papa Francisco. El 1 de julio de 2024 fue nombrado cardenal protodiácono.

Por suerte, había poca gente.

Entonces se asomó al mundo con esa sonrisa apacible, y la mirada llena de un brillo que rozaba el llanto.

Llevé a las niñas a la piscina, justo a tiempo para sus clases. Escribí a mi esposa: «Roberto es el nuevo papa». Volví a la pista, tratando de recuperar la normalidad, pero no podía.

Entre globos y remates comprendí: no era su deseo el que lo había llevado hasta allí, sino el de Otro. Y resonó en mi interior una frase que había aprendido desde niño: «El amor es mi peso, por él soy llevado dondequiera que voy»[8].

Me llegó una bola fácil. Preparé el golpe y rematé con fuerza, algo en mí necesitaba soltarse. Cerré el puño, conteniendo la emoción. Y en ese gesto mínimo, le di gracias a Dios: por su vida, por su vocación, por la amistad que nos unía. Por todo aquello que no sabía decir, pero ardía dentro.

Y, sin darme cuenta, estaba rezando el *Ave Maria* en latín.

20:30

El móvil no dejaba de vibrar: llamadas, mensajes, notificaciones.

En medio de todo ese ruido, respondí la llamada de la madrina de mi hija menor.

—¿Es nuestro padre Roberto? —preguntó, emocionada—.

Le dije que sí. Ella y su familia lo habían conocido el día del bautismo, en 2019, y se sentía bendecida. Yo también. Tener papa alegra… más aún si es un amigo cercano.

---

[8] San Agustín, *Confesiones*, XIII, 7, 8.

Nos despedimos. Fue una conversación breve, interrumpida por los números desconocidos que seguían apareciendo en la pantalla.

Una foto de mi álbum circuló en redes. ¿Quién la publicó? Solo podía haberlo hecho alguien cercano. La vi unos segundos y apagué el móvil.

21:00

Mi esposa llegó a casa. Nos abrazamos. Bastó ese gesto para que volviera a nosotros la conversación del domingo pasado.

Aquel día me sentía fuera de lugar, agitado por dentro. Todo parecía en orden, pero yo deambulaba por casa sin norte: abría y cerraba puertas, me sentaba y levantaba, salía a la terraza y volvía a entrar. Los ojos se me llenaban de lágrimas.

–¿Te pasa algo? –me preguntó ella–.

Dudé. No sabía por dónde empezar. Algo sin forma me dolía por dentro.

–Presiento que el nuevo papa será él.

–¿Y eso es malo?

–No –respondí, tras una larga pausa–. Para la Iglesia sería una bendición.

Y luego callé. Dejé que el silencio hablara por mí.

¿Cómo explicarle que hay bendiciones que duelen? Que el bien común se levanta sobre el altar callado de las renuncias personales. Él dejaría atrás su vida cotidiana de cardenal para abrazar las exigencias de ser el Sumo Pontífice de la Iglesia. Tendría que renunciar a muchas de esas cosas sencillas que le daban alegría: conocer a la gente de cerca, juntarse con amigos para compartir la vida, jugar al tenis, conducir, viajar con libertad.

–Si ocurre, muchas cosas van a cambiar –alcancé a decir–. No podrá venir a casa, quedarse con nosotros. Y no sé si podremos ir a verlo... Habíamos planeado vernos en Roma a finales de julio; teníamos los billetes[9].

Temía que, con su nuevo ministerio, no pudiéramos tener nuestras largas llamadas, donde hablábamos de todo un poco: el Evangelio, la justicia, la familia, los amigos, un partido de fútbol o alguna broma compartida. No por falta de afecto, sino por su nueva misión.

Ella, intuyéndolo, me dijo:

–No sufras por lo que aún no ha pasado. Confía. Es nuestro amigo.

Ahora que Roberto era el sucesor de Pedro... ella no podía contener el llanto.

–Cariño –le dije–, nos toca dar gracias a Dios por él. Debemos rezar mucho. Y estar, como siempre, a su disposición.

22:00

Le envié un mensaje:

–Buenas noches, Santo Padre. Rezamos por ti. Siempre lo hacemos. Ahora más. Dios te siga bendiciendo. Cuenta con nosotros.

El nuevo nombre pesaba. Llamarlo de otro modo que no fuera Roberto, o padre Roberto, me resultaba extraño; sin embargo, solo podía dirigirme a él como: «Santo Padre».

---

[9] Este viaje lo veníamos posponiendo desde finales de septiembre de 2023. Queríamos estar a su lado para cuando el papa Francisco lo creara cardenal, pero nos comentó que tendría muy poco tiempo para poder atendernos: tras la ceremonia, comenzaría el sínodo.

22:50

–¡Gracias! ¡Un abrazo!

Sentí su breve respuesta, cálida y entrañable. Seguía siendo atento con sus amigos. Seguro que tendría muchos saludos oficiales que responder y muchas cosas que asimilar en su nuevo ministerio.

Nos conocimos en 1991 y desde entonces no hemos dejado de ser amigos.

16 de mayo de 2025

Pasaron los días con una mezcla de vértigo, alegría y recogimiento, hasta que desde el Grupo de Comunicación Loyola, me pidieron que escribiera algo sobre él.

Algunos colegas del trabajo sabían que éramos amigos. En 2007 lo invité a conocer las oficinas de Ediciones Mensajero, en Bilbao, donde yo trabajaba. Allí saludó al director de la editorial, el padre jesuita Ángel Pérez Gómez.

Me sentí honrado por la propuesta, pero no podía aceptarla sin su consentimiento. A otros medios ya les había dicho que no, pero tratándose de los jesuitas, tenía que pensarlo.

23:00

Le escribí:

–Buenas noches, Santo Padre. Sé que estás sumamente ocupado. Si tuvieras un par de minutos, me gustaría hablar contigo.

Me costó escribir este mensaje. Tenía en el alma una mezcla de alegría, pudor y un cierto temblor: era mi amigo... pero también el nuevo sucesor de Pedro. ¿Cómo pedirle ahora un par de minutos? Recordé las palabras de mi esposa: «Confía. Es nuestro amigo».

Minutos más tarde respondió:

–¡Buenas noches! ¿Estás despierto? Llama si quieres.

En cuanto leí su respuesta, llamé.

Por un instante, dudé. ¿Cómo se saluda a un amigo que ahora es el Sumo Pontífice?

Pero al oír su voz, pude sentir que conversaba con el mismo de siempre: mi amigo Roberto.

–Quiero escribir un libro que hable de ti, desde la amistad. La gente quiere conocerte. Y yo quisiera mostrarte tal cual te percibo: un amigo que ofrece su amistad, y con ella, la de Aquel que da sentido a su vida, Jesús. Un amigo agustino que ahora es el papa.

Me respondió:

–Eres mi amigo. Confío en ti.

En sus palabras latían historia, fe, lealtad.

En ese instante lo supe: el libro había comenzado.

La Providencia pareció envolver esa conversación con un guiño celestial. Y me recordó algo que había olvidado:

–Hoy es la fiesta de san Alipio y san Posidio, los amigos de san Agustín… Día de la amistad agustiniana.

Se me hizo un nudo en la garganta.

Y de pronto, recordé la canción *Corazones ardientes*[10].

Antonio Lozán, presbítero agustino, y La Banda del Cura la habían estrenado ese mismo día. Se inspira en uno de los pasajes más hermosos de san Agustín sobre la amistad:

> «Conversar, reír, servirnos mutuamente con agrado; leer juntos libros bien escritos, bromear unos con otros y divertirnos en compañía; discutir a veces sin animosidad, como

---

[10] Se puede escuchar en: https://loyol.ink/o3dls

cuando uno disiente de sí mismo, y con tales disensiones muy poco frecuentes, condimentar lo mucho que teníamos en común; enseñarnos mutuamente algunas cosas, suspirar por los ausentes con recuerdo cariñoso, recibir con alegría a los que llegaban. Con estos y otros signos semejantes que proceden del corazón de los que se aman [...] nuestras almas se derretían y de muchas se hacía una sola»[11].

Antes de colgar, le pedí su bendición.

—Dios te bendiga, hermano. Siempre. En el Nombre del Padre y del Hijo y del Espíritu Santo.

—Gracias, Santo Padre. Buenas noches.

Colgué. Permanecí en silencio. Afuera la ciudad seguía su paso de medianoche; adentro, todo se había detenido. En la amistad –y también en la fe– hay momentos que no se van.

En vísperas de ser creado cardenal, le preguntaron qué le gustaba hacer en su tiempo libre.

Sonrió, con esa expresión que antecede a lo que importa de verdad:

—Me gusta leer, caminar, viajar, descubrir lugares nuevos...

Tras una pausa, añadió:

—Lo que más disfruto, es estar con mis amigos. Conocer personas distintas, aprender de sus dones. Eso me enriquece de verdad.

Se detuvo.

Y entonces fue al fondo de aquello que lo sostiene:

—La verdad... Como agustino, vivir en comunidad ha sido uno de los grandes regalos de la vida. Compartir lo que

---

[11] San Agustín, *Confesiones*, IV, 8, 13.

nos pasa, abrirnos al otro, construir juntos... eso no tiene precio.

Se le notaba en los ojos.

–Descubrir el don de la amistad nos lleva al mismo Jesús. Tener amistades auténticas es hermoso. Creo que es uno de los regalos más grandes que Dios nos ha dado.

San Agustín tenía razón: la amistad verdadera no nace del azar, sino del amor de Dios que une los corazones por medio de la caridad.

Por circunstancias de la vida, nos hicimos amigos.

Ahora, es Jesucristo quien nos aglutina:

In Illo uno unum (En Aquel uno, somos uno).

Confío en él y en lo que nos ha sido dado.

Tal vez ya no pueda verlo como antes. Pero en Jesucristo, nuestra amistad no perderá su fuego.

3

GRACIAS, PAPA FRANCISCO

20 de abril de 2025

Era Domingo de Resurrección del Señor. Contra toda recomendación médica y desafiando la fragilidad de su cuerpo, el papa Francisco se asomó al balcón central de la basílica de San Pedro.

Sentado en silla de ruedas, con la voz quebrada, dijo:

–Queridos hermanos y hermanas, ¡Feliz Pascua!

No fue solo un saludo, sino también una confesión valiente, testimonio de su entrega pastoral.

Tras treinta y ocho días hospitalizado por una infección respiratoria, regresó a su residencia el 23 de marzo[1] para recuperarse. Su aparición inesperada sobrecogió la plaza: un gesto frágil y, a la vez, potente.

---

[1] El 14 de febrero, el papa Francisco fue ingresado en el hospital Gemelli de Roma por infección en las vías respiratorias. El 17 se le diagnosticó infección polimicrobiana –bacterial, viral y fúngica–, y el 18 se confirmó que había desarrollado neumonía en ambos pulmones. Cuando le dieron el alta, los médicos le recomendaron dos meses de descanso.

Después del saludo, pidió a monseñor Diego Ravelli[2] que continuara con su mensaje y bendición *urbi et orbi.*

En esta ocasión, por el Año Jubilar de la Esperanza, nos habló de la esperanza que no defrauda, una esperanza comprometida. Nos invitó a poner nuestras manos frágiles en la mano fuerte de Dios, a levantarnos y caminar como «peregrinos de esperanza», testigos de la victoria del amor. Y concluyó con la visión final que aspira todo cristiano: una vida sin ocaso, donde callan las armas y los ecos de la muerte. Una vida plena en Dios.

Su último grito fue todavía de triunfo: «¡Feliz Pascua a todos!».

Finalizada la ceremonia, subió al papamóvil y recorrió la plaza saludando y bendiciendo a los fieles. Nadie lo imaginaba, pero aquel gesto era su despedida.

21 de abril de 2025

A primera hora llegó la noticia. A las 7:35 el papa sufrió un ictus; entró en coma y no volvió a despertar. Su pascua se había consumado. Su última bendición, ahora, abrazaba a toda la Iglesia que se quedaba sin su pastor:

«Estamos llamados a participar en la vida que no conoce el ocaso…»[3].

En cuanto pude, envié un mensaje a Roberto para darle el pésame por la partida de Francisco y, al mismo tiempo,

---

[2] Diego Giovanni Ravelli, arzobispo titular de Recanati, maestro de las celebraciones litúrgicas pontificias desde octubre de 2021.

[3] PAPA FRANCISCO, *Mensaje urbi et orbi*, 20 de abril de 2025.

agradecer su ministerio al frente de la Iglesia: un pontificado de cercanía, reforma y misericordia.

Me respondió:

–Que descanse en paz y que el Espíritu Santo acompañe a la Iglesia en estos momentos de dolor.

Se conocieron en Buenos Aires, Bergoglio era arzobispo y Prevost, prior general de los agustinos. Allí comenzó una relación que fue afianzándose con el tiempo. Coincidían en lo esencial, aunque no siempre en todo[4].

Por la tarde, los medios repetían el mismo retrato: un papa de vida sencilla, preocupado por los pobres y abierto a los cambios en la Iglesia.

Puse la transmisión de *Vatican News* y seguí el rosario dirigido por el cardenal Mauro Gambetti[5], quien invitaba a dar gracias al Señor por el papa Francisco, «peregrino de esperanza que no defrauda».

Recordé la conversación que tuve con Roberto cuando el cardenal Jorge Mario Bergoglio fue elegido sucesor de Pedro.

Yo estaba muy emocionado: el primer papa jesuita, el primero del continente americano y, además, con el nombre de Francisco.

---

[4]   San Juan XXIII, al referirse a las diversas opiniones de los teólogos, recogió en su encíclica *Ad Petri cathedram* la clásica expresión atribuida a san Agustín: «*In necessariis unitas, in dubiis libertas, in omnibus caritas*» (en los asuntos necesarios, unidad; en los dudosos, libertad; y en todo, caridad).

[5]   Mauro Maria Gambetti, franciscano, cardenal italiano, arcipreste de la basílica de San Pedro desde febrero de 2021 hasta la muerte del papa Francisco.

–Se vienen cambios. Tienen que venir –comentó–. Dios bendiga a Benedicto XVI[6] y sostenga el ministerio del nuevo papa.

Yo asentí y respondí:

–¡Qué grande Benedicto! Se me quedaron grabadas las palabras de su primera encíclica: «No se comienza a ser cristiano por una decisión ética o una gran idea, sino por el encuentro con un acontecimiento, con una Persona, que da un nuevo horizonte a la vida y, con ello, una orientación decisiva»[7].

–Es importante tener vivencias de fe en comunidad –añadió Roberto–. No puedes decir que eres seguidor de Cristo sin ser parte de la Iglesia[8].

En septiembre de 2021, el papa Francisco escribió para la XXXVI Jornada Mundial de la Juventud algo parecido:

---

[6]　La tarde del 18 de agosto de 2011, estuvimos juntos en Madrid (Roberto, Nathalie y yo), en el encuentro del papa Benedicto XVI con los jóvenes en la plaza de Cibeles. Al terminar el evento, nos encontramos con el padre Miguel Ángel Orcasitas Gómez, exgeneral de los agustinos (1989-2001). Todos subimos a mi coche, un Hyundai Getz. Durante el trayecto, bromeé con Nathalie: «Este coche lleva a dos grandes de la Orden agustina; si nos pasa algo y morimos, nos haremos importantes como ellos». Nathalie me cortó en seco: «Eso no tiene gracia».

[7]　PAPA BENEDICTO XVI, *Deus caritas est*, 1.

[8]　«El hombre cristiano es católico mientras vive en el cuerpo; hacerse hereje equivale a ser amputado, y el espíritu no sigue a un miembro amputado. Por tanto, si queréis recibir la vida del Espíritu Santo, conservad la caridad, amad la verdad y desead la unidad para llegar a la eternidad»: SAN AGUSTÍN, *Sermón* 267,4. El papa León XIII en su encíclica sobre la unidad de la Iglesia: *Statis cognitum* 9, declara: «La Iglesia de Cristo es, pues, única y, además, perpetua: quien se separa de ella se aparta de la voluntad y de la orden de Jesucristo nuestro Señor, deja el camino de salvación y corre a su pérdida».

«Cuántas veces hemos oído decir: "Jesús sí, la Iglesia no", como si una pudiera ser alternativa a la otra. No se puede conocer a Jesús si no se conoce a la Iglesia. No se puede conocer a Jesús sino por medio de los hermanos y las hermanas de comunidad. No nos podemos llamar plenamente cristianos si no vivimos la dimensión eclesial de la fe».

Al terminar el rosario, me quedé en silencio. No eran solo recuerdos: desfilaban ante mí las huellas de un pontificado que incomodó y renovó, que denunció y acarició. Reforma de la curia de la Iglesia, lucha contra los abusos, sinodalidad, cuidado de la creación, defensa de los pobres… Cogí mi guitarra y me desahogué cantando: *Canta Francisco*[9].

Mayo de 2013

El secretario general de la Orden de San Agustín, el padre Miguel Ángel Martín Juárez[10], le sugirió al padre Robert Prevost, prior general, comunicar a la Santa Sede la realización del capítulo general para pedir con antelación una audiencia al Santo Padre.

Roberto le propuso algo audaz:

–¿Y si invitamos al papa para que presida la misa de apertura?

–El papa no suele hacer eso –replicó Miguel Ángel–.

–Este papa es diferente –respondió con calma–.

_____

[9] En https://loyol.ink/fzuj7

[10] El padre Miguel Ángel Martín Juárez fue secretario general de la Orden de San Agustín desde 1995 hasta 2013. Primero con el padre Miguel Ángel Orcasitas Gómez (1995-2001), y después con el padre Robert Francis Prevost (2001-2013).

Tenía razón. Este papa era diferente. Aceptó la invitación. Al finalizar la ceremonia de apertura del capítulo general, el papa y el prior general de los agustinos tuvieron una conversación privada tan prolongada que quedó grabada en la memoria del entonces secretario general de la Orden. Francisco admiraba en el padre Robert Prevost su vida misionera, esa disponibilidad para dejar su tierra e ir allí donde el Espíritu lo llamaba. Valoraba también su entrega a la Orden: como prior general recorrió personalmente los lugares donde los agustinos llevaban adelante su misión, sin delegar visitas ni conformarse con informes. Lo caracterizaba un trato cercano, sin rigideces protocolarias, con la gente sencilla, así como su dominio de lenguas que le permitía escuchar y hacerse comprender en contextos muy distintos. Incluso su «buen estómago» formaba parte de ese modo fraterno de compartir mesa y palabra[11].

Posteriormente, el padre Robert Prevost, recordó a los agustinos lo siguiente[12]:

«Que el papa Francisco, con una agenda siempre desbordada, se hiciera presente en la apertura del capítulo general fue un gesto insólito. Su sola presencia nos debe enseñar que la Iglesia no se encierra, se abre. Para la Orden de San Agustín fue una llamada directa, una invitación a no quedar recluida entre los muros de los conventos, sino a salir, con generosidad, a compartir su carisma al mundo. La eucaristía, con la presencia del papa, fue un don y misión para la Orden. Un fuego que debe empujarnos a ser testigos del evangelio en el mundo».

---

[11] En Perú, por ejemplo, comió cuy y también lagarto, probó el masato amazónico; en Filipinas, el balut; en Corea, el dakbal.

[12] Véase *OSA INT* 2 (2013), 2.

Aquella cercanía entre ambos no quedó en un gesto aislado. Apenas un año después, Francisco le confió una misión: la administración de la diócesis de Chiclayo en el Perú, nombrándolo obispo de Sufar.

22 de abril de 2025

En una entrevista a *Vatican News*, el cardenal Prevost afirmó que la partida del papa debía afrontarse con un silencio hondo, de reflexión y gratitud. Confesó que él mismo necesitaba de tiempo para asimilar lo que Francisco le había dejado en su vida, en la Iglesia y en el mundo. Invitaba a vivir este luto como un Sábado Santo: en espera, aunque ya hubiéramos celebrado la Resurrección de Cristo.

Sus palabras traslucían el dolor por la pérdida de un amigo.

Le dolían las críticas, a veces infundadas, contra el papa Francisco.

De Chicago a Chiclayo

Roberto apenas comenzaba a acomodarse en Chicago, donde desde mediados de octubre servía como vicario provincial y formador tras doce años en Roma, cuando recibió la llamada de Francisco para hacerse cargo de la diócesis de Chiclayo. No tuvo tiempo para instalarse del todo: volvió a hacer la maleta, coger lo imprescindible y, casi sin mirar atrás, ir a donde el Santo Padre lo enviaba.

En 2023 evocaba, con una sonrisa, las palabras que Francisco le dirigió al concluir la apertura del capítulo general de los agustinos en 2013.

Mirándolo con afecto le aconsejó: «Ahora descansa». «Gracias, Santo Padre. Espero descansar» –respondió–.

Pero el descanso duró poco. Meses después lo nombró obispo de Chiclayo: «No sé cuándo viene la parte del descanso –añadió entre risas–. Pero aquí estamos».

Los años en Chiclayo lo forjaron como un pastor cercano, con un pie en la calle y otro en la sede episcopal. No se mantuvo al margen: vivió los gozos y las esperanzas, las tristezas y angustias de su gente. Sintió el abrazo del pueblo que compartió su fe para formar juntos una Iglesia fiel de Jesucristo.

Le tocó hacer frente a momentos difíciles. En 2017, el fenómeno de *El Niño Costero* arrasó Lambayeque; a los damnificados les llevó víveres y ayuda económica gracias a las donaciones que gestionó. En 2019, la oleada de migrantes venezolanos llegó a su diócesis, y abrió espacios de acogida para ellos. En 2020, cuando durante la pandemia de COVID-19 la gente se asfixiaba por la falta de oxígeno en los hospitales, impulsó la instalación de dos plantas de producción de oxígeno para toda la región. Y antes de partir a Roma, en 2023, organizó la ayuda para los damnificados del ciclón Yaku en su diócesis y pidió al papa permanecer más tiempo en el Perú, para acompañar al pueblo tras el estallido social que, con la llegada al poder de Dina Boluarte, dejó decenas de muertos.

6 de mayo de 2025

En vísperas del inicio del cónclave, dos publicaciones me generaron gran preocupación. La de José Manuel Vidal, en el portal *Religión Digital*, titulada: «Al final del precónclave, Prevost cotiza al alza»[13]. Y la del portal *Gaudium Press*:

---

[13] En: https://loyol.ink/vztxs

«Cardenal Prevost: después del primer jesuita ¿el primer agustino?»[14].

Ambas valoraban de modo positivo el trabajo de Roberto en el Dicasterio para los Obispos y la confianza que el fallecido papa había depositado en él, y lo presentaban como «el hombre de Francisco».

De Chiclayo al Vaticano

El 30 de enero de 2023, el papa Francisco volvió a mover el rumbo de monseñor Roberto: lo llamó al Vaticano para encomendarle la prefectura del Dicasterio para los Obispos y la presidencia de la Pontificia Comisión para América Latina. Ese mismo año, el 30 de septiembre, lo creó cardenal-diácono de Santa Mónica. Y el 6 de febrero de 2025 lo promovió al orden más alto del colegio cardenalicio: el de los cardenales-obispos.

«El hecho de que el papa Francisco me pidiera que aceptara esta misión fue toda una sorpresa para mí. Llevaba varios años formando parte del Dicasterio –desde 2020– y cuando me dijo que estaba "pensando en esta posibilidad", yo le dije al Santo Padre: "Usted sabe que soy muy feliz en Perú. Tanto si decide nombrarme como si decide dejarme donde estoy, seré feliz; pero si me pide que asuma un nuevo papel en la Iglesia, aceptaré". Y esto se debe a mi voto de obediencia. Siempre he hecho lo que se me ha pedido, ya sea en la Orden o en la Iglesia. Y fue entonces cuando me dijo: "Reza para que tome una buena decisión". Y bueno… El resto ya es sabido… Es un honor recibir este mandato, pero, honestamente, ha sido difícil para mí dejar Chiclayo después de tantos años, más de veinte en el Perú, siendo feliz haciendo lo que hacía. Así que… ahora de vuelta a Roma, ciudad con la que estoy,

---

[14] En: https://loyol.ink/8rqrf

evidentemente, muy familiarizado, me repito cada día: "Señor, todo esto está en tus manos. Dame la gracia necesaria para llevar a buen puerto este cometido". Y como he intentado hacer en toda mi vida religiosa, dije sí, adelante con la gran aventura de ser un seguidor de Cristo»[15].

Para algunos vaticanistas este movimiento fue una jugada maestra del papa Francisco: con el cardenal Prevost aseguraba la continuidad de su reforma eclesial. Y lo hacía con discreción: no se trata de ganar espacios, sino de llevar adelante procesos[16].

Francisco, conocedor de su formación jurídica, de su experiencia pastoral y de un estilo de liderazgo firme y discreto, lo fue situando en lugares clave, donde decidía escuchando a los demás y con la memoria viva de la misión. Así se ganó el respeto de quienes entienden que la Iglesia se edifica con estrategias colmadas de amor y servicio[17].

Desde su llegada a Roma, cada sábado tenía una cita fija con el papa: «Al principio era a las 8:00 de la mañana. Pero a veces llegaba a las 7:30 y ya me estaba esperando, así que empecé a ir un poco antes y a veces se anticipaba» –recordaba el cardenal Prevost en una entrevista–[18].

---

[15] En: https://loyol.ink/ehvcd

[16] Después de su elección como papa me sorprendió la declaración de Nelson Castro: «Según una fuente calificada, este es el cónclave que hubiera soñado Francisco, y este, el papa que hubiera querido Francisco». En: https://loyol.ink/2beea

[17] El portal *Gaudium Press* afirmaba: «En un posible cónclave, Prevost podría surgir como el nombre de consenso. Probablemente no será la primera opción de ningún grupo. Pero podría ser la segunda opción de todos. Esto lo convierte en una opción muy viable, como lo fueron Joseph Ratzinger en 2005 y Jorge Mario Bergoglio en 2013».

[18] En: https://loyol.ink/o20wr

Trataban asuntos de gran peso: nombramientos episcopales, decisiones pastorales, procesos delicados que exigían tiempo, prudencia y plena atención. En medio de esas cargas, el papa Francisco no dejaba de recordarle: «No pierdas el sentido del humor, tienes que sonreír»[19].

No era un consejo trivial: cuando se empieza a perder el humor, se empieza a perder también el alma. El humor nos mantiene en tierra firme, desnuda nuestra fragilidad, derriba las pretensiones y nos recuerda que solo somos servidores del Señor. Nada es nuestro: todo es don recibido.

A propósito del humor, Roberto sonríe con frecuencia. Le gusta contemplar la realidad con una mezcla de gracia y esperanza, incluso cuando esta se presenta áspera o dolorosa[20]. Hasta en eso es profundamente agustino: «Todo es gracia». Tal vez por eso le conmueven películas como *Sed buenos, si podéis* y *La vida es bella*. Y una de sus oraciones favoritas es la *Oración del buen humor* de santo Tomás Moro[21]:

«Concédeme, Señor, una buena digestión, y también algo que digerir. Concédeme la salud del cuerpo, con el buen humor necesario para mantenerla. Dame, Señor, un alma

---

[19] *Ibidem.*

[20] Francisco Natalio Chomali Garib, cardenal chileno, arzobispo de Santiago de Chile, al día siguiente, declaró: «Es un hombre que escucha mucho, tiene muy buen humor […]. Tenemos un papa, usando las palabras del papa Francisco, que no tiene "cara de vinagre". Es una persona alegre, yo creo que eso es tremendamente importante; donde uno tiene la impresión de que el mundo se está cayendo a pedazos, él dice no, el Señor conduce la historia y yo voy a poner lo que soy al servicio de los demás». En: https://loyol.ink/mv5gd

[21] Santo Tomás Moro fue proclamado patrón de los gobernantes y de los políticos por san Juan Pablo II, en octubre del año 2000.

santa que sepa aprovechar lo que es bueno y puro, para que no se asuste ante el pecado, sino que encuentre el modo de poner las cosas de nuevo en orden. Concédeme un alma que no conozca el aburrimiento, las murmuraciones, los suspiros y los lamentos y no permitas que sufra excesivamente por esa cosa tan dominante que se llama "yo". Dame, Señor, el sentido del humor. Concédeme la gracia de comprender las bromas, para que conozca en la vida un poco de alegría y pueda comunicársela a los demás. Amén».

8 de mayo de 2025

Millones de personas en todo el mundo miraban expectantes el balcón central de la basílica de San Pedro. El cielo de Roma estaba despejado, pero en la plaza el aire era denso, casi sagrado. Se percibía el peso del instante. La fumata blanca ya había anunciado que teníamos papa. Pero queríamos ver su rostro, saber su nombre y escuchar sus palabras.

Entonces, con solemnidad, las puertas del balcón se abrieron.

El cardenal protodiácono Dominique Mamberti proclamó:

–*Annuntio vobis gaudium magnum: Habemus Papam. Eminentissimum ac reverendissimum Dominum, Dominum Robertum Franciscum Sanctæ Romanæ Ecclesiæ Cardinalem Prevost, qui sibi nomen imposuit Leonem XIV*[22].

La plaza estalló en un clamor.

---

[22] Os anuncio un gran gozo: tenemos papa. Eminentísimo y reverendísimo señor, señor Roberto Francisco, cardenal de la Santa Iglesia Romana, Prevost, quien se ha impuesto el nombre de León XIV.

Finalmente, apareció en el balcón el nuevo sucesor de Pedro.

León XIV, con sonrisa serena y lágrimas contenidas, dejó que su mirada abrazara la plaza. Mantenía las manos entrelazadas sobre el pecho, como controlando su emoción interior.

Cuando le acercaron su cuaderno de apuntes, lo tomó con la mano derecha. Luego alzó la izquierda, con gesto sobrio y pronunció con voz firme su primer saludo:

«¡La paz esté con todos ustedes! Queridos hermanos y hermanas, este es el primer saludo de Cristo resucitado, el Buen Pastor, que ha dado la vida por la grey de Dios. También yo quisiera que este saludo de paz entre en sus corazones, llegue a sus familias, a todas las personas, dondequiera que estén, a todos los pueblos, a toda la tierra. ¡La paz esté con ustedes!».

¡Qué saludo tan oportuno y elocuente! En un mundo con guerras abiertas en Europa, Oriente Medio y África, y decenas de conflictos aún activos.

De inmediato retomó el saludo pascual del papa Francisco:

«Aún conservamos en nuestros oídos la voz débil pero siempre valiente del papa Francisco que bendecía Roma… Permítanme continuar esa misma bendición: Dios nos quiere, Dios los ama a todos, y el mal no prevalecerá. Estamos todos en las manos de Dios. Por lo tanto, sin miedo, unidos, tomados de la mano con Dios y entre nosotros sigamos adelante[23]. Somos discípulos de Cristo. Cristo nos

---

[23] Alusión a la bendición *urbi et orbi* del papa Francisco del 20 de abril de 2025. Francisco dijo: «Los que esperan en Dios ponen

precede. El mundo necesita su luz. La humanidad lo necesita como puente para ser alcanzada por Dios y por su amor. Ayúdennos también ustedes, luego ayúdense unos a otros a construir puentes, con el diálogo, con el encuentro, uniéndonos todos para ser un solo pueblo siempre en paz. ¡Gracias al papa Francisco!».

Las palabras del nuevo papa llevaban el eco de la esperanza, pero con un acento propio: sobrio, meditado.

Francisco y León XIV, cada uno a su modo, daban voz al mismo Espíritu: uno desde el desborde de la ternura, otro desde la hondura de la oración. Distintos en el acento, concordes en la fuente. Porque la Iglesia no necesita repetir estilos, sino dejarse habitar por el Amor que inspira a cada uno según su tiempo, su alma y su misión.

La voz de Francisco se había apagado, pero el anuncio pascual no.

El Espíritu soplaba de nuevo, convocando a la esperanza. Como el 20 de abril, en la plaza de San Pedro volvió a sonar la misma bendición, pero en otra voz. Y muchos, con lágrimas en los ojos, volvieron a responder:

—Amén.

---

sus frágiles manos en su mano grande y fuerte, se dejan levantar y comienzan a caminar. Junto con Jesús resucitado se convierten en peregrinos de esperanza, testigos de la victoria del amor, de la potencia desarmada de la vida».

4

VOCABOR LEO

8 de mayo de 2025

–Quo nomine vis vocari?
Tras las votaciones de la mañana, el cardenal Prevost
sentía que pronto le harían esta pregunta y debía estar preparado. Después de la comida, se encerró en su habitación
y se puso a orar.

En los días previos al cónclave, algunos hermanos y hermanas de la Orden le habían confiado un anhelo: «Sería
maravilloso que hubiera un papa [llamado] Agustín». Lo
decían desde la complicidad de una historia compartida. No
solo pertenecía a la Orden de San Agustín: la había liderado
como prior general durante doce años. Aunque era cardenal, nunca dejó de vivir como agustino. Solía comer en la
comunidad de la curia agustina[1].
Pero en su interior maduraba otra intuición: llegado
el momento, debía elegir un nombre que expresara el

---

[1] El padre Alexander Lam Alania, asistente general de los agustinos para América Latina cuando el cardenal Prevost fue elegido papa,
recordaba: «Venía con frecuencia al rezo de laudes, a la misa matutina,
a la comida o a tomarse un café y pasar un rato junto a sus hermanos».

compromiso de la Iglesia con el cuidado de los hijos de Dios; que fuera capaz de hablar a un mundo en transformación, marcado por la revolución tecnológica, la inmediatez de las comunicaciones, las redes sociales y la inteligencia artificial, y que, al mismo tiempo, lo empujara a responder con claridad y caridad a los desafíos internos: unidad, lucha contra los abusos, cuidado de la creación, cercanía a las heridas del mundo.

Aquella mañana, en la Capilla Paulina, antes de la misa, levantó la vista hacia la imagen entronizada de la Virgen del Buen Consejo, en las losas brilló un nombre: León XIII.

Lo tenía. León sería su nombre.

Por la tarde, camino a la Capilla Sixtina para la cuarta votación, algunos cardenales lo miraban con respeto y distinción. Una vez dentro, cada uno ocupó su lugar bajo las escenas del Génesis, donde Miguel Ángel narró, con formas, color y tensión, el drama de la libertad y la caída. Desde la creación de Adán hasta la embriaguez de Noé. Imágenes que, vistas sin prisa, incomodan…, pero también alientan.

Él, con la mirada fija en la creación de Adán, dejó de sentirse espectador. Se supo dentro: figura de un fresco aún inacabado. Parecía habitar ese preciso instante en que los dedos de Dios y del hombre están por tocarse: el umbral de una nueva creación, donde lo humano, sin dejar de ser tierra, recibe el aliento divino.

Era, sin saberlo, metáfora, preludio de lo que sucedería después.

Bajó la mirada. Escribió un nombre, plegó su papeleta y la depositó en la urna.

Han sido muchos los cónclaves celebrados allí. Algunos memorables. Otros discretos. Todos marcados por lo mismo: el ruido de las dudas y la discreción del Espíritu. Los nombres no se imponen: emergen. Cada voto es un acto de fe y, también, de desnudez. Se vota con temor y temblor. Y el Espíritu actúa como suele: calladamente, desde lo invisible, donde apenas se intuye, pero todo lo transforma.

En un cónclave no se reparte poder. Se confía una carga. Una cruz que se abraza por amor.

–Pedro, ¿me amas?

Una misión que se realiza conforme a su voluntad.

–Apacienta mis ovejas.

Por eso muchos, al ser elegidos, lloran en la Sala de las Lágrimas. Porque ahí no comienza un privilegio, sino una renuncia. El final súbito de la normalidad.

Contada la última papeleta. Alcanzados los dos tercios, la elección se consuma. Entonces, al elegido se le formulan dos preguntas:

–¿Aceptas tu elección canónica como Sumo Pontífice?

–¿Con qué nombre deseas ser llamado?

Ese momento llegó para el cardenal Prevost.

A la primera pregunta, su respuesta fue:

–*Accepto*.

A la segunda:

–*Vocabor Leo*.

Leo, en latín. Leone, en italiano. León, en español.

Elegir el nombre fue su primer acto: una declaración para orientar su ministerio.

22:00

Tras enviar un mensaje al recién elegido papa, me puse a navegar por la red. En *pastoralsj.org* encontré un texto del jesuita José María Rodríguez Olaizola, escrito sin saber aún quién era el papa:

> «Que mientras tantos te miran a ti, tú apuntes, con tu vida, tus palabras y tus gestos, a Cristo. Si esto es así, lo demás vendrá solo. Que no te dejes encasillar por nadie. La Iglesia no necesita cabecillas, sino hacedores de puentes (pontífices), que bastante dividido anda el patio ya. Que cuentes a la gente, y especialmente a tanta gente sola, herida, fracasada, abatida, que Dios es amor. Amor primero, incondicional, generoso y gratuito. No a los supuestamente perfectos, sino a todos. Que nos ayudes a no perder la esperanza. Y que, con tu manera de ser pastor, nos ayudes a ser una Iglesia católica, es decir, de todos»[2].

Me parecieron palabras certeras… Hoy necesitamos hacedores de puentes, no solo en la Iglesia, también, en el mundo entero. Y es cada vez una tarea más difícil: nuestro ego sabe atrincherarse con maestría. Nos cuesta exponernos, soltar las armas, escuchar al otro, tender las manos y atrevernos a caminar juntos.

22:50

Recibí contestación:
–¡Gracias! ¡Un abrazo!
Breve. Cálida. Cercana.

Esa noche apenas dormí. Un amigo me escribió desde Colombia convencido de que el nombre evocaba a León XIII y a la *Rerum novarum*. Quería saber mi opinión. Le respondí que coincidía con él, aunque también pesaba la cercanía de

---

[2] En: https://loyol.ink/ob8rt

León XIII a los agustinos y su impulso a las *misiones ad gentes*[3]. Roberto solía repetir que ser cristiano es ser misionero. Y no era un detalle menor que su labor pastoral la desarrolló fuera de su país. Además, León XIII confió a la Orden de San Agustín, a inicios del siglo XX, la evangelización de la selva norte del Perú, con la prefectura apostólica de San León del Amazonas[4].

Buscando entre mis fotos digitales encontré otra clave: la inscripción en el santuario de Nuestra Señora del Buen Consejo, en Genazzano, Italia, que agradecía a León XIII la restauración del templo.

La devoción de Roberto a esa advocación se remontaba a sus primeros años en la Orden. Su provincia la tenía como patrona. La imagen lo acompañaba siempre. Solía decir: «el Niño susurra a la Virgen, y ella inclina el oído para no perder una sola palabra». Para él era la imagen por excelencia de la escucha; para mí, evocaba el pasaje evangélico en que Jesús declara: «Mi madre y mis hermanos son los que escuchan la Palabra de Dios y la cumplen»[5].

En 2001, recién elegido prior general de los agustinos fue a Genazzano, con otros agustinos de Chicago, a rezar a la Virgen. El santuario estaba cerrado, pero un hermano los dejó entrar. El padre Robert Prevost se puso de rodillas y oró, el hermano al enterarse de que el padre arrodillado era

---

[3] El cardenal Natalio Chomali, arzobispo de Santiago de Chile, al día siguiente, declaró: «Tuvimos una cena con él [...]. Y nos contó por qué eligió "León XIV" [...]. La primera razón fue porque a él le tocó mucho la *Rerum novarum* [...] en segundo lugar, porque León XIII era muy cercano a los agustinos». En: https://loyol.ink/t8lrb

[4] Actualmente vicariato apostólico de Iquitos.

[5] Véase Lucas 8,20-21.

el nuevo prior general llamó a la comunidad para saludarlo. En todas las misiones que recibió siempre se puso al amparo de la Virgen del Buen Consejo. Y en su actitud humilde de servicio, muchos reconocieron la presencia transformadora de Dios.

Por eso, al recordar en el cónclave la imagen de la Virgen del Buen Consejo junto al nombre de León XIII, lo entendió como un signo. Llamarse León era seguir bajo ese mismo consejo: escuchar antes que imponer. Dar primacía a la acogida de la Palabra, que también se manifiesta en la voz de los demás. Solo así proclamarla y vivirla en el corazón de la Iglesia[6].

10 de mayo de 2025

Dos días después, ya como León XIV, explicó su elección ante los cardenales reunidos en el Aula Nueva del Sínodo:

«Al sentirme llamado a proseguir este camino, pensé tomar el nombre de León XIV. Hay varias razones, pero la principal es porque el papa León XIII, con la histórica encíclica

---

[6] En sus palabras de agradecimiento a Francisco, el 30 de septiembre de 2023, al ser creado cardenal dijo: «Más allá de la búsqueda de nuevos programas o modelos pastorales, que siempre son necesarios e importantes, creo que debemos comprender cada vez más que la Iglesia solo lo es plenamente cuando escucha verdaderamente, cuando camina como nuevo Pueblo de Dios en su maravillosa diversidad, redescubriendo continuamente su propia llamada bautismal a contribuir a la difusión del evangelio y del reino de Dios... Santo Padre, hoy somos nosotros quienes le decimos: "Recuerde rezar por nosotros". Que estos nuevos "pivotes" que establece hoy puedan contribuir a que la puerta de la Iglesia universal esté más dispuesta a abrirse, más rápida a acoger, más capaz de escuchar a todos». En: https://loyol.ink/6qk9k

Rerum novarum, afrontó la cuestión social en el contexto de la primera gran revolución industrial y hoy la Iglesia ofrece a todos, su patrimonio de Doctrina Social para responder a otra revolución industrial y a los desarrollos de la inteligencia artificial, que comportan nuevos desafíos en la defensa de la dignidad humana, de la justicia y el trabajo».

No hacía falta que explicara «las varias razones». Se transparentarían en sus gestos y palabras. De hecho, al conocer esta noticia comenté a mi esposa en la hora de la comida:

—Ya verás, no tardará en ir a visitar a la Virgen del Buen Consejo.

Ese mismo día, por la tarde, León XIV visitó Genazzano:

«He deseado mucho venir aquí en estos primeros días del nuevo ministerio que la Iglesia me ha confiado, para llevar adelante esta misión como sucesor de Pedro»[7].

Con el nombre de León, el cardenal Prevost tomaba postura. No la del que se blinda en certezas, sino la del que se expone a la intemperie de las preguntas. Eligió situarse allí donde la fe no es consigna, sino carne herida. Donde la cruz no se predica: se vive.

Hacia fuera, sonaba como palabra profética para un mundo líquido, sin referentes estables, donde la soledad y el desarraigo crecen al ritmo de la tecnología y de verdades fabricadas.

Hacia dentro, abría un camino de unidad frente a las polarizaciones, de lucha contra los abusos, de transparencia, de cuidado de la creación y de cercanía a quienes sufren.

---

[7] En: https://loyol.ink/sgwxo

Con ese nombre decidió recordarse cada día que el ministerio petrino no es un trono de certezas, sino un servicio humilde que se inclina para escuchar la voz de Dios, que resuena en la proclamación del evangelio y en los acontecimientos de la vida diaria.

5

AMIGOS DE JESÚS

En cuanto se supo la noticia de la muerte del papa Francisco, los medios se lanzaron a especular sobre quién sería el sucesor de Pedro. Nombres iban y venían con la prisa de cartas barajadas antes de una partida decisiva: Parolin, Tagle, Zuppi[1], Sarah[2], Erdő[3], Turkson[4], Burke[5]... una galería de perfiles en disputa. El ruido más estridente venía del ala conservadora, aunque su peso real parecía menor de lo que sugerían titulares y foros digitales.

En ese mar de conjeturas, Tagle y Parolin despuntaban: el primero por su carisma y cercanía, el segundo por su temple diplomático. Aun así, nadie se atrevía a pronosticar nada; el viejo axioma volvía a imponerse: el cónclave es imprevisible.

---

[1] Matteo Maria Zuppi, cardenal italiano, arzobispo metropolitano de Bolonia y presidente de la Conferencia Episcopal Italiana desde mayo de 2022.

[2] Robert Sarah, cardenal guineano.

[3] Péter Erdő, cardenal húngaro, arzobispo de Esztergom-Budapest.

[4] Peter Turkson, cardenal ghanés, canciller de la Pontificia Academia de las Ciencias y de la Pontificia Academia de las Ciencias Sociales, desde abril de 2022.

[5] Raymond Leo Burke, cardenal estadounidense.

Rumores, filtraciones y campañas mediáticas circularon como si pudieran torcer la voluntad de los cardenales que participarían en el cónclave. Pero en el ambiente flotaba una convicción: no habría un viraje brusco. Lo más probable era un sucesor que recogiera el hilo de Francisco sin romperlo.

Los purpurados se reunieron en doce congregaciones generales. En la última, veintiséis intervenciones coincidieron en algo esencial: las reformas de Francisco debían continuar. Se habló de abusos y transparencia, de sinodalidad y curia, de paz y del cuidado de la creación. Entre líneas, se dibujaba el perfil deseado: un pastor, maestro de humanidad, capaz de dar a la Iglesia un rostro samaritano en un mundo desgarrado.

No faltaron advertencias: los límites del papado, las divisiones internas, la urgencia del cambio climático. Hubo memoria de los pobres y de los mártires. Al final, los cardenales hicieron una declaración: un clamor por el alto el fuego y por la paz, como recordatorio de lo que pesaba en la conciencia de la Iglesia.

8 de mayo de 2025

La plaza de San Pedro vibraba de júbilo. Las columnas de Bernini se volvían brazos que acogían a la multitud. Rostros iluminados por lágrimas, teléfonos alzados que buscaban atrapar el instante, banderas agitadas como llamas. El cardenal Robert Francis Prevost se había convertido en León XIV, el sucesor de Pedro.

Se presentó en el balcón central, acompañado, en los demás balcones y ventanas de la basílica, por los cardenales que habían participado en el cónclave. Habían hecho su trabajo: al entrar, iban llorando, llevando la semilla; al salir, volvían cantando, trayendo sus gavillas[6]. El rojo de sus vestiduras imprimía gozo a la escena. Y en la sonrisa del cardenal Vinko Puljić[7] se reconocía el sentimiento compartido de todos.

Fue un cónclave breve. La rapidez no fue fruto del azar, sino de la necesidad de mostrar cohesión. Más que un trámite, manifestación de un consenso casi instintivo, un acuerdo silencioso que proyectó al mundo una Iglesia unida.

Entonces, León XIV, exclamó con firmeza:

–¡La paz esté con todos ustedes!

Explicó que era el primer saludo de Cristo resucitado. Y matizó: «Esta es una paz desarmada y una paz desarmante, humilde y perseverante. Proviene de Dios, Dios que nos ama a todos incondicionalmente…».

De este modo se hacía eco de la declaración de los cardenales en la última congregación general del 6 de mayo, que exhortaba a las partes implicadas en los conflictos internacionales a un alto el fuego permanente y a iniciar negociaciones hacia una paz justa y duradera, fundada en el respeto de la dignidad humana y del bien común.

Luego agradeció a sus hermanos cardenales:

«Quiero agradecer también a todos los hermanos cardenales que me han elegido para ser sucesor de Pedro y caminar junto con ustedes, como Iglesia unida buscando siempre la paz, la justicia, procurando siempre trabajar como hombres y mujeres fieles a Jesucristo, sin miedo, para proclamar el Evangelio, para ser misioneros».

---

[6] Véase Salmo 126,6.
[7] Vinko Puljić, cardenal bosnio-herzegovino.

9 de mayo de 2025

En la misa *Pro Eclessia*, celebrada en la Capilla Sixtina, León XIV dijo a los cardenales:

«Los invito a reconocer las maravillas que el Señor ha hecho, las bendiciones que el Señor sigue derramando sobre todos nosotros, a través del ministerio de Pedro.

Ustedes me han llamado a cargar esa cruz y a ser bendecido con esa misión. Y sé que puedo contar con todos y cada uno de ustedes para caminar conmigo, mientras continuamos, como Iglesia, como comunidad de amigos de Jesús, como creyentes, anunciando la Buena Nueva y proclamando el Evangelio».

El papa León XIV sabe que no camina solo, cuenta con los cardenales, a quienes invita a avanzar junto a él como Iglesia, como comunidad de «amigos de Jesús».

No era un recurso retórico. Toda su vida pastoral ha estado marcada por la convicción de que la misión solo se realiza tejiendo lazos de amistad. Y no cualquier amistad. La suya tiene raíces agustinianas: la amistad que nace de Cristo y en Cristo, la que convierte el trato humano en camino de gracia. San Agustín lo propone en sus *Confesiones*: «Feliz el que te ama a ti, Señor; y al amigo en ti, y al enemigo por ti; porque no podrá perder al amigo quien tiene a todos por amigos en aquel que no puede perderse»[8].

Esa es la atmósfera que León XIV quiere imprimir en su pontificado: una Iglesia donde la amistad no sea ornamento, sino nervio; no estrategia de poder, sino comunión viva. Una amistad que abre y no cierra; que escucha y no impone, que

---

[8] San Agustín, *Confesiones*, IV, 9, 14.

hace de cada encuentro una oportunidad de vivir la amistad de Jesús, que no es otra cosa que anunciar el evangelio.

10 de mayo de 2025

En su discurso al colegio cardenalicio, León XIV, insistió:

«Ustedes, queridos cardenales, son los más estrechos colaboradores del papa, y esto me sirve de consuelo al aceptar un yugo que claramente supera no solo mis fuerzas, sino a las de cualquier otro. Su presencia me recuerda que el Señor, que me ha confiado esta misión, no me deja solo con la carga de esta responsabilidad. Ante todo, sé que cuento siempre, siempre, con su auxilio, el auxilio del Señor, y, por su gracia y providencia, con la cercanía de ustedes y de tantos hermanos y hermanas que en el mundo entero creen en Dios, aman a la Iglesia y sostienen con la oración y las buenas obras al vicario de Cristo».

Estas palabras evocaban las que había dirigido a Francisco cuando fue creado cardenal en 2023:

«Que estos nuevos "pivotes" (cardenales, bisagras) que establece hoy puedan contribuir a que la puerta de la Iglesia universal esté más dispuesta a abrirse, más rápida a acoger, más capaz de escuchar a todos».

Previamente había dicho:

«Ser una Iglesia sinodal que sabe escuchar a todos es el camino no solo para vivir personalmente la fe, sino también para crecer en la verdadera fraternidad cristiana. Nos ha recordado que es necesario aprender a escuchar como los santos, como san Francisco de Asís que escuchó la voz de Dios, la voz de los pobres, la voz de los enfermos, la voz de la naturaleza»[9].

---

[9] En: https://loyol.ink/6qk9k

El deseo de León XIV es claro: contar con los cardenales no como simples colaboradores de gobierno, sino como «amigos de Jesús», dispuestos a prestar sus oídos a lo que Dios nos pide en el evangelio y en la historia, atentos al clamor de los pueblos y al gemido de la creación. Que le ayuden a llevar adelante la misión que Jesús encargó a Pedro: «Apacienta mis ovejas», no desde la lógica de la fuerza ni del cálculo, sino desde la comunión fraterna y la obediencia a la Palabra, sabiendo que su servicio no consiste en arrancar orejas como Pedro a Malco en Getsemaní, sino en restablecer, con la gracia y el poder de Cristo, espacios de escucha verdadera y transformadora, donde la Iglesia pueda reconocer su verdad, sanar sus heridas y anunciar con autoridad evangélica la esperanza del Reino.

6

NO PASÓ DE LARGO...

«¿Quién... te parece que se portó como prójimo del que cayó en manos de los asaltantes? Contestó: "El que lo trató con misericordia". Y Jesús le dijo: "Ve y haz tú lo mismo"».

Lucas 10,36-37.

Las fábricas no daban tregua. Día y noche, el aire se espesaba de humo. Hombres, mujeres y niños se encorvaban sobre máquinas que no se detenían nunca. El progreso rugía, pero su estruendo ahogaba el jadeo de los cuerpos exhaustos y el lamento por los salarios que apenas alcanzaban para comer.

Era finales del siglo XIX. La modernidad prometía ascenso, pero sus promesas no eran para todos. A su paso dejaba millones de excluidos: invisibles, prescindibles, olvidados. Los rostros obreros del mundo industrial eran la cara oculta de un sistema que hablaba de futuro mientras consumía vidas.

En ese escenario, León XIII se detuvo, contempló la situación y se hizo cargo. Como el samaritano, no esquivó al caído: lo abrazó y cargó con su dolor. El 15 de mayo de

1891 firmó la *Rerum novarum*, la primera encíclica social de la Iglesia.

Señaló la situación con palabras precisas: acumulación de riqueza en pocas manos, colapso de los gremios, desamparo de los obreros, salarios precarios. Rechazó la abolición de la propiedad privada: no era privilegio, sino derecho nacido del trabajo humano. Tampoco aceptó la guerra inevitable entre clases. Propuso deberes recíprocos: al obrero, honradez; al patrón, respeto. El Estado debía proteger a los débiles, limitar abusos, cuidar la vida familiar. Ninguna autoridad era legítima si abandonaba a los que nada tenían.

Así nació la Doctrina Social de la Iglesia: no una ideología, sino una palabra encendida por el evangelio, llamada a iluminar los espacios donde la dignidad humana es negada.

Al elegir el nombre de León, el cardenal Prevost señaló una continuidad explícita con León XIII. Con mirada lúcida, reconoció que, aunque los tiempos han cambiado, muchas de las heridas y estructuras injustas que su predecesor denunció siguen abiertas.

Hoy la producción se gestiona desde pantallas y centros de datos. Ya no se desgarran manos, pero se siguen desechando vidas. Los algoritmos deciden, clasifican, descartan. La eficiencia gobierna, y lo que se optimiza suele ser el beneficio; lo descartado, la fragilidad. El riesgo es claro: que el trabajador se vuelva invisible y la injusticia se ejecute sin culpa ni conciencia.

Ante esta situación, la vocación profética de la Iglesia sigue intacta: el evangelio pide detenerse, contemplar, hacerse cargo. Su doctrina ilumina caminos, abre horizontes, restituye la dignidad de las personas y proclama que la vida –toda la vida– es sagrada. Así lo entiende León XIV desde joven.

Según el padre agustino Denis Wilde, durante sus años en la Universidad de Villanova, en Pensilvania, Prevost fue miembro destacado de Villanovans for Life, organización provida que aún permanece activa.

En 1990, con su comunidad agustina, organizó redes de solidaridad –ollas comunes y trueques improvisados– para acompañar y ayudar a la población más golpeada por el *fujishock*: el brutal ajuste económico del presidente Alberto Fujimori que, de un día para otro, disparó los precios, destruyó los salarios y dejó a millones sin recursos para sobrevivir.

En su etapa de formador como agustino (1988-1998) promovió la contemplación de la realidad desde la solidaridad y empatía con los que sufren, facilitando espacios de diálogo y debates sobre la justicia, el respeto de los derechos humanos, la defensa de la democracia.

En 2019 participó como mediador en el conflicto social entre las comunidades de Fuerabamba y Challhuahuacho, de Apurímac, al sur del Perú, y la empresa minera MMG Las Bambas.

En 2020, en plena pandemia del COVID-19, levantó dos plantas de producción de oxígeno para la región de Lambayeque, que salvaron la vida de miles de personas. Además, tuvo que hacerse cargo de la diócesis del Callao, en Lima. Y no lo hizo desde la distancia. Inspirado por santo Toribio de Mogrovejo –el incansable patrono de los obispos de América–, cada quince días recorría más de mil kilómetros para atender presencialmente las dos diócesis que el papa Francisco le había encargado.

En 2023, tras las devastadoras inundaciones provocadas por el ciclón Yaku, su presencia volvió a ser signo de consuelo para los damnificados. Visitó personalmente las zonas afectadas, caminó entre el lodo y las casas anegadas, escuchó a los que lo habían perdido todo.

La cercanía a los que más sufren fue su forma de hacerse prójimo, de hacer presente a una Iglesia que se detiene ante el dolor de los caídos, contempla la situación y se hace cargo.

En su trayectoria pastoral de los años noventa, tuvo un peso especial el padre agustino John Joseph Lydon. No solo compartieron responsabilidades pastorales, sino también un mismo modo de vivir el evangelio: en el servicio humilde, la entrega silenciosa y la cercanía a quienes claman por misericordia y justicia.

A mediados de los años setenta, en el campus de la Universidad de Villanova, dos jóvenes cruzaron sus caminos sin saber que, años después, la misión los volvería a reunir. Robert Prevost, ya seminarista agustino, se sumergía en las matemáticas con la seriedad de quien busca orden, pero también sentido. John Lydon, aún laico, se adentraba en las ciencias políticas con la intuición de que la fe, tarde o temprano, tendría que encontrarse con la justicia.

En 1983, el padre John Lydon, misionero canadiense en la prelatura de Chulucanas, vivía en carne propia los estragos del fenómeno del *Niño*: lluvias interminables, campos anegados, hambre y enfermedad.

Dos años después, Prevost llegó a Chulucanas, invitado por el obispo John McNabb, con el encargo de asesorar canónicamente la transformación de la prelatura en diócesis. Fue allí donde volvió a encontrarse con Lydon. Compartieron solo un año de misión, pero fue suficiente para forjar una amistad profunda.

En 1988, la provincia agustina de Nuestra Señora del Buen Consejo de Chicago confió a Prevost la misión de abrir en Trujillo un centro de formación para jóvenes peruanos que aspiraban a vivir el carisma agustiniano. Dos años después, Lydon se unió al proyecto.

Durante una década formaron un tándem fecundo. Acompañaron vocaciones venidas de Apurímac, Chulucanas e Iquitos, enseñaron teología en el seminario mayor y atendieron comunidades parroquiales, muchas de ellas marcadas por la pobreza. Vivieron el gozo del evangelio. Fue Lydon quien puso por escrito muchas de las intuiciones que ambos maduraron en esos años.

En 2024, Lydon publicó *La Doctrina Social de la Iglesia: su historia y enseñanzas*[1], un libro en el que condensa su reflexión madura, templada por los años y la experiencia pastoral y académica. No fue casual que pidiera a su amigo y compañero de misión –entonces ya en Roma, como cardenal y prefecto para el Dicasterio de los Obispos– que escribiera el prólogo.

Prevost sintetiza de forma clara lo que es la Doctrina Social de la Iglesia. No se trata de un cuerpo cerrado de normas ni una ideología de combate, sino de una reflexión y aprendizaje continuos: una escuela ética que enseña a contemplar con profundidad, a asumir los problemas sociales con responsabilidad, a discernir con serenidad y a actuar con coherencia desde el evangelio.

---

[1] John J. LYDON MCHUGH, OSA, *La Doctrina Social de la Iglesia. Su historia y enseñanzas*, Fondo Editorial Universidad Católica de Trujillo, Fondo Editorial Pontificia Universidad Católica del Perú, Trujillo-Lima 2024.

Es una sensibilidad cristiana que se afina con el tiempo, se entrena en el estudio y se confirma en la experiencia. Parte de la realidad, no de teorías, y no busca ganar debates, sino formar miradas que contemplen, pensamientos que escuchen y conciencias que respondan. Es una reflexión moral que nace de la dignidad humana, respeta la complejidad y escucha antes de juzgar. Una ética encarnada, capaz de ver al otro no como un obstáculo, sino como hermano.

Por eso insiste en un punto crucial: la formación en esa mirada, cuyos principales destinatarios deben ser los jóvenes. Desde su etapa de formador, León XIV lo tuvo claro: si la Doctrina Social de la Iglesia no llega a los jóvenes, se queda en cita de manual. Es necesaria la formación de una mirada cristiana que se vuelva vida: no una doctrina impuesta desde fuera, sino una sensibilidad evangélica que se cultiva desde dentro.

Educar no es adoctrinar. Es despertar la conciencia para que sea capaz de contemplar la estructura detrás del dato, el rostro detrás del número, la herida detrás de la estadística. Esa es la ética que quiere sembrar: una ética que acompaña, que escucha, que se implica con lucidez.

El pontificado de León XIV apunta a la sobriedad: menos elucubraciones y más raíz y dirección. Ante la caída, la herida y el abandono de la humanidad, moverá a la Iglesia para que no pase de largo. Pedirá hacerse prójimo del que está caído, detener nuestro rumbo para hacernos cargo de él, dejar que la vida del otro, con sus necesidades y sufrimientos, conmueva el corazón.

Eso es lo que hará: lo que Jesús mandó. Contemplar, detenerse, hacerse prójimo.

—Ve, y haz tú lo mismo.

7

AMIGO DE LOS AGUSTINOS

Tras un breve recorrido, llegamos a Genazzano, un pequeño pueblo del Lacio, a unos cuarenta y cinco kilómetros al sureste de Roma. Está encaramado sobre una colina con vistas al valle del Sacco y conserva intacto su aire medieval. Su centro histórico es un entramado de callejuelas empedradas, estrechas y sinuosas, flanqueadas por casas de piedra con balcones floridos.

Dos hitos concentran buena parte de su encanto: el castillo Colonna, que fue residencia de la poderosa familia Colonna y hoy se utiliza para exposiciones y actos culturales, y el santuario de Nuestra Señora del Buen Consejo, famoso porque, según la tradición, la imagen de la Virgen se trasladó milagrosamente desde Albania hasta aquí en el siglo XV.

Era una mañana soleada de agosto. Caminábamos los tres –Roberto, Nathalie y yo– por la calle que desemboca en el santuario.

–Mi mamá tenía mucha devoción a la Virgen del Buen Consejo –nos dijo–.

–Y es patrona de la provincia agustina de Chicago –añadí–.

—Le tengo mucho cariño a esta advocación. Jesús, en la cruz, nos encargó a María como madre[1]. Ella camina con nosotros —explicó mientras entrábamos en el santuario—[2].

Sus palabras me evocaron aquel pasaje evangélico en que María pide a Jesús que ayude a los novios, porque se había acabado el vino. Jesús le responde que aún no ha llegado su hora. Pero ella, conociendo a su Hijo, dice a los que servían: «Haced lo que os diga»[3]...

La imagen de la Virgen del Buen Consejo nos esperaba en silencio. Es un fresco pequeño, de apenas unos cuarenta centímetros de alto por cuarenta y cinco de ancho. Representa a la Virgen y al Niño en un gesto íntimo: María inclina suavemente la cabeza hacia Jesús, que a su vez roza su mejilla con la de su Madre. Sus rostros están muy juntos, como si se susurraran en silencio. Esta cercanía transmite ternura y complicidad.

El estilo es bizantino tardío, con rasgos albaneses, porque según la tradición el fresco llegó milagrosamente desde Escútari, Albania, en 1467. Los colores —suaves, algo desvaídos por el tiempo— son cálidos: ocres, azules y dorados. La expresión de ambos es serena, recogida, como invitando a la contemplación interior más que a la visión exterior.

---

[1] Véase Juan 19,25-27.

[2] En las *Constituciones* de la Orden de San Agustín se dice que: «Todos nosotros somos miembros del Cristo total, en unión con María, la madre de Jesús. María es signo de la Iglesia: "[ella] dio a luz corporalmente a la cabeza de este cuerpo. La Iglesia da a luz espiritualmente a los miembros de esa cabeza". Por su fe íntegra, firme esperanza y sincera caridad, María nos acompaña continuamente mientras peregrinamos en esta vida y sostiene nuestra actividad apostólica» (*Constituciones de la Orden de San Agustín*, 21).

[3] Véase Juan 2,1-12.

Lo que más llama la atención es esa humanidad sencilla: una madre que acerca su rostro para escuchar el susurro de su niño, y un niño que con las dos manos se aferra confiadamente a su madre. Por eso tantos peregrinos la consideran un icono de cercanía y guía.

Después de saludar a María con una breve oración, recorrimos el santuario en silencio. Entre inscripciones y ofrendas, un nombre aparecía una y otra vez, como una firma tenaz.

–Parece que León XIII fue muy amigo de los agustinos –dije a Roberto–.

–Así es. Y también muy devoto de esta Virgen –respondió con una sonrisa–.

Hay pensadores que nunca envejecen porque no ofrecen respuestas cómodas, sino preguntas necesarias. San Agustín fue uno de esos. Le tocó vivir momentos convulsos por el desmoronamiento del Imperio romano. Sus palabras no nacieron de la especulación, sino de la intemperie. Por eso siguen vivas: fueron usadas, discutidas, habitadas por creyentes de a pie, teólogos, pastores y, también, por algunos papas. Entre ellos León XIII.

Aunque abrazó el tomismo como pilar doctrinal, volvió una y otra vez al obispo de Hipona. Donde Tomás de Aquino ofrecía arquitectura hacia lo alto del razonamiento, Agustín lo hacía hacia lo profundo de la experiencia humana.

Ya en su primera encíclica *Inscrutabili Dei consilio*, citaba a san Agustín: «La doctrina de Cristo, si se observa, es la gran salvación del Estado». Toda una declaración. El cristianismo no es un lastre. Al contrario, es impulso, raíz de lo común. La fe, lejos de ser obstáculo, es la base más radical para construir una sociedad justa. Lo supo Agustín en el ocaso del Imperio. Lo creyó León XIII en la Europa de las tensiones sociales y políticas.

Cuando escribió la *Rerum novarum*, en el tema de la caridad se inspiró en san Agustín. La caridad no nace del deber, sino del asombro ante la dignidad del otro. No hay justicia posible si no se parte de una convicción radical: que nadie sobra. Que no hay vidas descartables. Que cada estructura –política, jurídica, económica– está llamada a servir esa verdad. Por eso insistía: el pobre no es un accidente, sino una denuncia viviente de un sistema que olvida para qué existe. «El ser humano vale por lo que es, no por lo que tiene», escribió. Frase sencilla, pero peligrosa: todo orden que niegue esa verdad acaba quebrándose.

Otro de los ejes del pontificado del papa León XIII fue la unidad. En esto, su cercanía con Agustín fue aún más evidente. El obispo de Hipona luchó contra las divisiones de su tiempo. Para él, la unidad era urgente. León XIII lo entendió también así. Le tocó enfrentar divisiones modernas: la Iglesia nacional tras la unificación italiana, los choques con gobiernos anticlericales en Francia y el distanciamiento con ortodoxos y protestantes.

En 1894 publicó *Praeclara gratulationis*, una encíclica valiente que llama a la unidad de todos los cristianos y al retorno de las Iglesias orientales a la comunión con Roma. La división debilita la fe y priva al mundo de un testimonio común de los seguidores de Jesús. Sin unidad, la Iglesia se empobrece. Se traiciona. Por eso insistió en suturar heridas, proteger los lazos incluso cuando duelen. Porque solo una Iglesia que cuida la comunión puede ofrecer la verdad de un Dios que es comunión.

Memoria viva

Al ser elegido papa en 1878, Gioacchino Pecci[4] no olvidó su Carpineto Romano natal. Un pueblo encajado entre las montañas del sur del Lacio, donde las casas se apoyan unas contra otras y el aire baja seco y cortante desde lo alto.

Cuando nació, más que ideas ilustradas o ecos de revolución, lo que llegaba con claridad a su pueblo eran los impuestos, los edictos y, a veces, las tropas. Por entonces, Italia aún no era un país, sino más bien una colección discontinua de reinos, repúblicas, principados. Y en medio, los Estados Pontificios: un dominio extenso, administrado directamente por el papa. Pero en 1810, ni siquiera esa estructura se mantenía firme. Napoleón había entrado en Roma en 1808, y en 1809 decretó la anexión de los Estados Pontificios al Imperio francés, el papa Pío VII estaba arrestado.

Ese mismo año, las tropas francesas decretaron la supresión de las órdenes religiosas. Sus conventos y demás bienes fueron confiscados. En Carpineto Romano, los agustinos, que habitaban el convento de San Agustín desde el siglo XIV, fueron desalojados, aunque desde años atrás, la comunidad ya vivía en declive. El conde Ludovico Pecci, padre del futuro León XIII, fue haciéndose con los bienes de los agustinos, para que no los perdieran, actuando como protector de la comunidad.

Ese gesto evitó el desmantelamiento inmediato. El último prior, Salvatore Colangeli, permaneció en el edificio como inquilino hasta que los franceses lo confiscaron como almacén de armas. Pero el edificio, a diferencia de tantos

---

[4] Gioacchino Vincenzo Raffaele Luigi Pecci nació en Carpineto Romano el 2 de marzo de 1810 y falleció en Roma el 20 de julio de 1903.

otros, no fue arrasado. No se convirtió en bodega ni en vivienda ni en fábrica. Permaneció entero, cuidado por la familia Pecci.

En 1878, ya como papa, León XIII decidió restaurar y ampliar el antiguo convento de su pueblo natal. Encargó el proyecto a los arquitectos Andrea Bonanni y Alfredo Camaiti, con la intención de transformarlo en un hospital moderno. Sin embargo, los informes técnicos desaconsejaron ese uso por problemas estructurales. Compró entonces otro edificio, el convento de San Pedro, y destinó allí el centro sanitario. El convento de San Agustín, en cambio, recuperó su vocación original.

Además de impulsar la rehabilitación arquitectónica, el papa confió la nueva decoración de la vieja iglesia de San Agustín a Tito Troja, pintor especializado en arte sacro y especialmente cercano a los agustinos. La vinculación de León XIII con la Orden quedó inmortalizada en una de las pinturas de la bóveda: el papa aparece rodeado por la corte pontificia y los frailes agustinos.

El 28 de agosto de 1888, fiesta de san Agustín, los agustinos volvieron a Carpineto. Se reinstaló allí el noviciado de los agustinos, que estuvo en activo hasta 1928. Después, el edificio acogió un colegio que funcionó hasta los años setenta del siglo pasado.

Pero el vínculo de León XIII con los agustinos no acabó en Carpineto. Con ocasión del XIV centenario de la conversión de san Agustín –que se conmemoró entre 1886 y 1887–, el papa apoyó activamente la restauración de la deteriorada capilla de la basílica de San Pietro in Ciel d'Oro, en Pavía, donde se custodian los restos del santo de Hipona. Ordenó que se realizaran trabajos de reacondicionamiento, envió ofrendas personales y permitió que se extrajera una pequeña reliquia del santo: una costilla que fue llevada a la catedral de Pavía.

Del mismo modo, en Roma, promovió la reconstrucción de la iglesia agustina de San Agustín en Campo Marzio. Un lugar emblemático, donde se venera a santa Mónica, la madre de Agustín. El edificio, muy deteriorado, necesitaba una restauración casi total, y León XIII destinó fondos para ello.

La Orden de San Agustín no atravesaba su mejor momento en Europa cuando el cardenal Gioacchino Pecci fue elegido papa. Venía de décadas difíciles. Ya en 1786, José II de Habsburgo, apodado el «emperador sacristán» por su afán de reformar desde el trono la vida eclesial, había comenzado a cerrar conventos y casas agustinas en Austria y Hungría. Las leyes napoleónicas no hicieron sino agravar el golpe.

León XIII conocía esa realidad. Entendió que la Orden necesitaba liderazgo y estructura. Por eso llamó desde Estados Unidos a uno de los hombres que mejor conocía la realidad agustina contemporánea: el padre Antonio Pacifico Neno. Este agustino italiano había sido enviado en 1865 a Estados Unidos para colaborar en la consolidación de la presencia agustina en el país.

En 1878, Neno fue elegido prior de la provincia de Santo Tomás de Villanova, entonces la única existente en los Estados Unidos. Durante su gobierno, la provincia experimentó un crecimiento significativo: se fortaleció la formación académica, se consolidaron estructuras organizativas y se amplió el número de casas.

En 1880, el papa, reconociendo la difícil situación de la Orden en Italia, llamó a Neno de regreso y lo nombró prior general. Este, a su regreso a Italia en 1881, implementó reformas significativas, como la renovación de la curia y la apertura de nuevos noviciados. La Orden, en pocos años, recuperó vitalidad.

Durante su pontificado, León XIII nombró cardenales a tres miembros de la Orden: Luigi Sepiacci, Agostino Ciasca y Sebastiano Martinelli. Este último fue incluso delegado apostólico en Estados Unidos.

También impulsó la canonización y beatificación de santa Clara de Montefalco en 1881, beato Alonso de Orozco en 1882 –posteriormente canonizado por san Juan Pablo II–, y la más popular de todas, santa Rita de Casia, canonizada el 24 de mayo del año jubilar de 1900.

Pero entre los muchos signos de la cercanía que tenía León XIII con los agustinos, hay uno que destaca por su delicadeza y hondura: su devoción por la Virgen del Buen Consejo, venerada en el santuario de Genazzano, no muy lejos de Carpineto.

Tenía una devoción muy especial por esta imagen. En abril de 1903 extendió su culto a toda la Iglesia. Ordenó añadir el título «Madre del Buen Consejo» a las letanías lauretanas. La invocaba como guía. Como patrona de sus decisiones.

Para los agustinos, esta advocación siempre ha sido una referencia. Y para el padre Robert Prevost, también. Lo vivía con naturalidad. Lo compartía con sus amigos. Nathalie y yo tuvimos la bendición de escuchar lo que esa advocación de María significaba para él[5]; de conocer la historia de la imagen

---

[5] El padre agustino Emilio Rodríguez Claudio, vicario general de la diócesis de Huelva recuerda: «Esa tarde, en la plaza de San Pedro, me dice: "Emilio, ¿te vienes conmigo? Vamos a Genazzano –santuario cerca de Roma donde se venera la imagen de Nuestra Señora del Buen Consejo–. Cuando me eligieron prior general de la Orden, fui a pedirle a la Virgen que me iluminara y me ayudara. Ahora, quiero ir a darle gracias por estos años"». En: https://loyol.ink/ixxk3

y de la generosidad de León XIII con los agustinos. Desde entonces, la Virgen del Buen Consejo ocupa un lugar principal de devoción en nuestro corazón y en nuestra casa.

Por eso, en la noche de su elección como papa, cuando encontré la foto de la inscripción en el santuario de Nuestra Señora del Buen Consejo que agradecía a León XIII la restauración del templo, comprendí que el nombre de León XIV no era solo homenaje a un pontífice pasado: era fidelidad a una memoria y a una presencia. Recordaba a un papa que amó a san Agustín y confió en la Virgen del Buen Consejo. Y revelaba a otro que, en el mismo lugar, había aprendido a ponerse bajo esa escucha.

La invitación enmarcada en el santuario de Genazzano, justo antes de entrar en la capilla de la Virgen, parece dirigida a ambos: «Camina hacia el esplendor: el Señor camina contigo»[6]. Ese consejo sostuvo a León XIII en los días inciertos de su tiempo, y es el mismo que acompaña a León XIV cuando, al inicio de su pontificado, se arrodilla ante la Virgen y deposita en sus manos el peso de la misión.

---

[6] Invitación enmarcada en el santuario de Nuestra Señora del Buen Consejo: «Amigo peregrino: Ven al santuario: Camina hacia el esplendor, el Señor camina contigo. Prepara tu corazón y parte con confianza y alegría, solo o acompañado de tus hermanos. Ven. Sigue los pasos de tus padres. Quienquiera que seas, recuerda que tienes un lugar en la casa de Dios, tienes hermanos que conocer, santos que imitar, a Nuestra Señora del Buen Consejo que escuchar y el misterio de la Iglesia que vivir. Si tienes sed de alegría, de paz, de justicia, de amor y de perdón, ven y bebe del agua viva de la fuente de la salvación. Tú que estás joven y lleno de entusiasmo, o enfermo, o desesperado por el sufrimiento, tú que te sientes marginado, tú que vives la serenidad de la vida familiar, ven y déjate iluminar por la luz del Evangelio. Venid y regresad reconciliados, reconfortados, renovados. Anunciad la Buena Nueva a vuestros hermanos: Dios nos ama y nos espera. Caminad hacia el esplendor: el Señor camina con vosotros».

8

SER MISIONERO

Mi vocación, como la de todo cristiano, es ser misionero, anunciar el evangelio allí donde uno se encuentra.

Cardenal Robert Prevost

Habíamos navegado más de doce horas. Viajábamos desde Iquitos hasta Santa Rita de Castilla, un pequeño poblado a orillas del río Marañón, en el distrito de Parinari, provincia de Loreto, en Perú. Estábamos a mitad de camino. Durante el trayecto hubo ocasión para la oración, pero también empecé a contarle relatos de mi familia, de los pueblos amazónicos y de la labor que los agustinos emprendieron desde su llegada a Iquitos en 1901.

–Fueron muy valientes al hacerse cargo de un territorio tan grande, no sé cómo lo pudieron hacer –le comenté–.

–Es el Espíritu Santo quien empuja, sostiene y consuela a los misioneros –me respondió–. Todo es gracia.

Nada que objetar. Lo decía desde su propia experiencia, la de una vida entregada al evangelio. Y, con la cercanía de un amigo, me animaba a dejarme guiar por el Espíritu.

–¿Sabes que, a inicios de siglo, lo que hoy es el vicariato apostólico de Iquitos se llamaba prefectura de San León del Amazonas? Se llamó así porque el papa León XIII encomendó esta misión a los agustinos –continué–.

–Algo había leído. Interesante.

–Joaquín[1] cuida y recopila mucha información sobre este asunto y está preparando algo especial para celebrar el centenario de la presencia de los agustinos en la Amazonía…

En la historia de la Iglesia hay decisiones que no se comprenden solo desde los despachos de Roma. Hay que situarlas en su tiempo y en el lugar donde realmente repercuten. En este caso, en los márgenes. En los ríos. En la selva sin caminos, donde avanzar significa mojarse, perderse, enfermar o morir. En el nordeste del Perú, más allá de los Andes, en la llanura amazónica, se erigió en 1900 la prefectura apostólica de San León del Amazonas[2]. Y no fue por casualidad.

Su territorio abarcaba unos 380 000 kilómetros cuadrados. Cubría gran parte del departamento de Loreto y se extendía hasta las fronteras con Ecuador, Colombia y Brasil. Una llanura inmensa, cubierta por selva tropical densa, de vegetación siempre verde. El aire era pesado. La lluvia, incesante. Las temperaturas rondaban los 27 grados centígrados durante todo el año y la humedad superaba el 80 %. Allí no se

---

[1] Joaquín García Sánchez (1939-2024). Presbítero agustino que dedicó su vida al conocimiento y divulgación de la Amazonía. Fundó el Centro de Estudios Teológicos de la Amazonía, el Instituto Superior Pedagógico Loreto, la Biblioteca Amazónica, y el Comité de Defensa del Patrimonio Monumental y Ecológico de la Amazonía.

[2] El 20 de enero de 1900 la Santa Sede creó la prefectura apostólica de San León del Amazonas y la confió a la Orden de San Agustín, a la provincia española del Santísimo Nombre de Jesús de Filipinas.

viajaba por tierra, sino por agua. El Marañón, el Amazonas, el Napo, el Putumayo... ríos caudalosos que eran todo a la vez: camino, sustento, frontera y trampa. Quien no conocía el río, difícilmente podía salir de allí.

Y en medio de esa inmensidad, miles de indígenas vivían sin contacto estable con la Iglesia. Ni sacramentos. Ni palabra. Ni consuelo.

Durante el periodo colonial, los jesuitas habían emprendido la evangelización con la misión de Maynas. Desde el siglo XVII congregaron gente, levantaron capillas, fundaron reducciones. Pero en 1767, con la expulsión de la Compañía de Jesús, todo se vino abajo. Lo poco que había desapareció y la selva volvió a quedar sola.

Llegó el siglo XIX. Y con él, la convulsión de la independencia. Nuevos gobiernos. Nuevas fronteras. Nuevas urgencias. En medio del reacomodo político, la Amazonía siguió quedando al margen. Las misiones se apagaron sin reemplazo. Y los pueblos indígenas, sin presencia pastoral, o retomaron sus prácticas tradicionales o quedaron entregados al abuso de quienes tenían más fuerza.

La Iglesia estuvo ausente por muchos años. En los mapas, la selva figuraba bajo diócesis como Moyobamba, Chachapoyas, Ayacucho o Cuzco. Pero aquellas sedes eran remotas, con clero escaso y sin medios para internarse en un territorio donde se navegaba más de lo que se caminaba. Había sacerdotes, sí, pero muy pocos para semejante extensión. Muchos vivían aislados, mal preparados; otros, sencillamente, al margen de toda vida eclesial coherente. En la práctica, no existía estructura. La selva era un espacio donde el evangelio apenas llegaba, y cuando lo hacía, era a retazos, sin continuidad. El vacío pastoral se traducía en abandono. Y el abandono, en pérdida de vínculo.

Y entonces llegó la fiebre del caucho.

En la segunda mitad del siglo XIX, el auge de la industria automotriz y la creciente demanda de neumáticos en Europa y Estados Unidos dispararon el interés mundial por el caucho. La Amazonía, con sus bosques de *Hevea brasiliensis*, se convirtió en territorio codiciado. Y en una plaza de saqueo.

A finales del siglo, la selva empezó a llenarse de gente llegada de otros lugares. En Iquitos florecieron muelles, casas comerciales, bancos, se llegaron a instalar una decena de consulados, la mayoría europeos. Todo giraba en torno al caucho. Y al dinero fácil. Compañías como la Peruvian Amazon Company, controlada por Julio César Arana, movían capital extranjero, redes de poder y violencia sistemática. Intermediarios de toda calaña hacían el resto. Y con ellos llegaron los atropellos. Muchos. Contra los indígenas. Contra la tierra. Contra la dignidad de todos. No fue descontrol: fue exterminio. Una red que funcionaba con impunidad, terror y complicidad. El Estado no intervenía. O miraba a otro lado. O ya había sido comprado.

Quien lo vio de cerca y dejó constancia escrita fue Roger Casement, cónsul británico en Brasil. Recorrió la región entre 1910 y 1911, anotándolo todo minuciosamente en el famoso *Libro Azul Británico. Informes de Roger Casement y otras cartas sobre las atrocidades en el Putumayo*[3]. No omitió nada: mutilaciones, torturas, asesinatos, esclavitud.

Bajo las órdenes de Julio César Arana, en el Putumayo, allí donde Perú limita con Colombia, pueblos enteros

---

[3] Centro Amazónico de Antropología y Aplicación Práctica, *Libro azul británico: informes de Roger Casement y otras cartas sobre las atrocidades en el Putumayo*, Lima 2012.

–los huitotos, los boras y los ocainas– fueron literalmente arrasados. La Amazonía se convirtió en una frontera interior: invisible para el Estado, lejana para la Iglesia, rentable para el mercado de unos pocos.

Quien lo recrea con fuerza es Mario Vargas Llosa en *El sueño del celta*. La selva, convertida en infierno por la codicia de unos pocos, aparece como un escenario donde el horror se normaliza y la justicia apenas encuentra eco. Casement queda retratado como un hombre dividido entre su obligación diplomática y una indignación ética insoportable. Una figura compleja que, tras denunciar aquellos crímenes en nombre de los derechos humanos, acabaría pagando con su vida su apoyo al independentismo irlandés. La historia de una conciencia forjada en lo más profundo de la selva peruana. Con esa novela, Vargas Llosa recuperó una de las páginas más sucias y olvidadas de la historia del caucho, devolviendo al protagonista la dignidad que su época decidió negarle.

Fue a finales del siglo XIX cuando la Iglesia reconoció su límite. Donde no llegaba el evangelio, avanzaba la ley del más fuerte. Y cuando no hay palabra que humanice, lo que queda es la lógica del abuso.

El 1 de mayo de 1894, León XIII escribió al episcopado peruano urgiendo la evangelización de la selva olvidada. Con un lenguaje pastoral severo habló del dolor de saber que miles de indígenas «vagaban sin ley divina». El evangelio no puede permanecer inmóvil: debe llegar a todos, debe iluminar la vida de todos. Porque todos somos hijos e hijas de Dios y necesitamos de la gracia que el evangelio comunica[4].

---

[4] «Cerca de vosotros existen, venerables hermanos, otras almas que todavía no han sido llamadas a la admirable luz de Cristo, y que

Esa carta surtió efecto. Movilizó a la Iglesia peruana. En 1896, los obispos organizaron el Congreso de la Unión Católica del Perú, participaron todos los prelados y representantes de las principales órdenes religiosas del país. La consigna era una sola: pasar del diagnóstico a la acción. De ese congreso nació la Obra de la Propagación de la Fe en el Oriente del Perú[5]. Una institución nacional. Con estructura. Con liderazgo. Con una idea clara: coordinación, envío, presencia. Su misión era simple y urgente: recaudar fondos, formar misioneros y, sobre todo, llegar a la gente de la selva. A pie. En canoa. Como fuera. Pero llegar[6].

---

están sentadas en sombras y tinieblas de muerte; ovejas que perecieron y que es menester que vosotros conduzcáis al Supremo Pastor de las almas, que es Jesús» (Carta del papa León XIII al episcopado peruano).

[5] «Reunidos en Congreso en 1896 acordaron cooperar á la exploración del Oriente y á la civilización de sus tribus organizando la *Obra de la Propagación de la Fe.* Desde entonces no han cesado de dar pasos en pos de tan grandioso objeto: sus trabajos, lentos pero bien calculados, los han llevado á un resultado en verdad halagüeño para el patriotismo. El sacerdote católico no se mueve, no atraviesa los mares, no se abandona seguro y contento á los sacrificios del apostolado sino á impulsos del Supremo Jerarca, Padre Común de los hombre; por eso, autorizados por los poderes público pedimos al Vicario de Jesucristo que nos mandase misioneros, que instituyese canónicamente nuevos centros de apóstoles; y Roma acogiendo cariñosa la demanda instituye tres Prefecturas Apostólicas, que internándose en el Amazonas, en el Ucayali y en el Urubamba, se derramarán por las inmensas playas de esos ríos y sus tributarios llevando por doquiera la buena nueva de la fé y de la fraternidad peruana» (*Anales de la Obra de la Propagación de la Fe en el Oriente del Perú* 2/7 [junio de 1990],9-10).

[6] Me llama mucho la atención cómo se describe la situación de Iquitos: «Lamenta el P. Batlle, el abandono en que se encuentra la sociedad de Iquitos bajo el aspecto moral y religioso, y calcula su población infantil en más de 4000 niños, hace notar la urgencia de crear escuelas primarias para atender á su educación. Muchos de esos niños son hijos de los chunchos arrebatados del seno de sus padres con atropello criminal

León XIII bendijo la iniciativa. Dos años después, en 1898, el consejo central de la Obra pidió apoyo al Estado. Y el Estado respondió. El presidente Nicolás de Piérola firmó un decreto que creaba tres prefecturas apostólicas en la Amazonía peruana, dejándolas «bajo el patrocinio eclesiástico» de la Obra. El 16 de abril de 1900, el delegado apostólico, monseñor Pietro Gasparri comunicó oficialmente la erección canónica, realizada en Roma por la Sagrada Congregación de Propaganda Fide el 5 de febrero del mismo año.

Cada prefectura fue encargada a una de las grandes órdenes de aquel momento: San Francisco de Ucayali, a los franciscanos. Santo Domingo de Urubamba, a los dominicos. San León del Amazonas, a los agustinos.

Y lo que esa esperanza abarcaba no era poco. Más de 600 000 indígenas, centenares de pueblos diferentes, con sus propios modos de nombrar la vida. Una selva viva, impredecible. Un territorio más grande que muchos países europeos, imposible de abarcar en su totalidad, ni con censos más precisos, ni con los mejores mapas. Una Iglesia que, de ser algo, era una promesa. Apenas sin caminos, sin estructuras, sin clero suficiente. Pero con una voluntad clara: estar. O, al menos, empezar.

---

del más santo de los derechos del hombre. Hace votos el P. Prefecto por el pronto establecimiento de la prefectura apostólica del Amazonas por conceptuar inaplazable el cultivo moral de aquella populosa región, y concluye diciendo: "Los habitantes de Iquitos yerran por ignorancia la mayor parte, no son de mal corazón; son cariñosos y hospitalarios, y todos, sin exeptuar á los que tienen creencias diferentes á la nuestra, como son los protestantes, asiáticos y judaicos, deseosos de un feliz porvenir para sus hijos, según me han asegurado varias personas, contribuirán á la construcción de una buena casa de educación y un gran templo"» (*Íbidem,* pp. 36-37).

En 1901 llegaron a Iquitos los cinco primeros agustinos y en pocos años abrieron centros de misión siguiendo el curso de los ríos, que eran –y siguen siendo– la única autopista posible: Puerto Meléndez, Huabico, Pevas, Jericó, Colonia Fuentes, Leticia, Nazareth, entre otros. Porque en la Amazonía los ríos no separan: unen. Son camino, sustento y memoria.

Más que un desembarco, fue una inmersión. Fueron al encuentro de la gente de la selva: de los caucheros, sí, pero también de sus mujeres, de sus hijos mestizos y de los pueblos indígenas desplazados, esclavizados o reducidos a sirvientes invisibles del negocio del caucho. Regularizaron matrimonios, bautizaron, escucharon. Ofrecieron algo que llevaba demasiado tiempo ausente: reconocimiento. Una dignidad sacramental expresada con palabras nuevas, sin superioridad. Iniciaron la catequesis, tradujeron oraciones a las lenguas autóctonas, aprendieron a escuchar. Se acercaron a los yaguas, ticunas, omaguas, cocamas, huitotos y shipibos, y allí comprendieron lo esencial: que evangelizar no era imponer, sino escuchar al otro, y compartir el evangelio que salva, que se hace palabra, alimento y vida[7].

En Iquitos, donde apenas quedaba en pie una capilla de madera carcomida, los agustinos levantaron la iglesia matriz: signo de arraigo, de comunión, de que la Iglesia no estaba de paso, venía a quedarse. Pero los agustinos sabían que levantar paredes no bastaba. Había que edificar personas,

---

[7] En un telegrama del 19 de agosto enviado a la Conferencia Eclesial de la Amazonía, reunida en Bogotá, León XIV dijo: «... allí donde se predica el nombre de Cristo, la injusticia retrocede proporcionalmente, pues, como asevera el apóstol Pablo, toda explotación del hombre por el hombre desaparece si somos capaces de recibirnos unos a otros como hermanos».

formar cristianos capaces de crecer desde dentro, de sostener la misión.

Todo aquello fue una confirmación silenciosa. León XIII había acertado al confiar la misión de la selva norte del Perú a los agustinos. Vista con ojos de hoy, aquella experiencia agustiniana en el corazón del Amazonas fue un auténtico laboratorio eclesial. Sin llamarlo así, prefiguró muchas de las claves que más de un siglo después el papa Francisco nos ha invitado a redescubrir a lo largo de su pontificado: una Iglesia en salida y, en este caso, con sabor a selva, donde la escucha precede al anuncio. Una Iglesia sin privilegios, sin miedo a mezclarse con la vida que encuentra.

Allí se gestó una forma concreta de presencia cristiana: nada ornamental, nunca paternalista, jamás turística. Quiso ser presencia real, encarnada. Difícil, pero necesaria.

Muchos años después, allí estábamos, el padre Robert Prevost y yo, dando gracias a Dios por el trabajo misionero de la Iglesia, de modo especial por la labor de los agustinos españoles. Hombres generosos, entregados al anuncio del evangelio.

Íbamos al encuentro de nuestros hermanos y hermanas de la misión en la parroquia Santa Rita de Castilla: los presbíteros agustinos Miguel Fuertes Prieto[8] y Miguel Ángel Cadenas Cardo –hoy obispo del vicariato apostólico

---

[8] El padre Miguel Fuertes Prieto llegó a ser administrador del vicariato de Iquitos, ante el repentino fallecimiento del obispo, monseñor Miguel Olaortúa Laspra. Le tocó hacer frente a la pandemia del COVID-19, y junto con el padre Raymundo Portelli, consiguieron ayuda para levantar varias plantas de producción de oxígeno que salvaron la vida de muchas personas en la ciudad. En: https://loyol.ink/jtg6w

de Iquitos–. Junto a ellos, codo a codo, trabajaban las hermanas de la Compañía Misionera del Sagrado Corazón de Jesús –Gertrudis, Soledad, Araceli y Rosa–, además de los agentes pastorales.

16 de mayo de 2025

Conversaba con mi amigo, el recién elegido papa León XIV. Tras pedirle permiso para escribir un libro sobre él, me atreví a preguntarle:

–A los cardenales dijiste que habías elegido el nombre de León por varias razones, pero la principal es porque el papa León XIII afrontó la cuestión social con la *Rerum novarum*. ¿Tienen esas varias razones algo que ver con que León XIII fuese muy cercano a los agustinos, con su devoción a la Virgen del Buen Consejo, con su ardor misionero al promover las prefecturas apostólicas en la selva del Perú o con su cuidado hacia la Iglesia de los Estados Unidos?

–Esas también eran las varias razones –me respondió–.

–¿Y con el Evangelio de Marcos?

–Por supuesto. Solo hay un Evangelio, el Evangelio de Jesucristo.

–Ya te contaré la impresión que tengo…

Estaba emocionado. Cientos de recuerdos desfilaban por mi mente y me confirmaban la intuición de que Dios lo había preparado desde niño para asumir una misión tan grande. Y el Espíritu lo había asistido al elegir el nombre de León: una elección con memoria, con historia, con el peso de un compromiso en defensa de quienes no tienen voz ni pueden defenderse. El evangelio debía hacerse presente en esas realidades. La fe necesita salir al encuentro de todos los hombres y mujeres del mundo.

9

EL LEÓN DE LOS ESTADOS UNIDOS

Es el primer papa estadounidense,
el primer papa de Chicago
y es mi hermano.

John Prevost

Es estadounidense, strike *uno;*
es joven, strike *dos;*
tiene mucha experiencia de todo el mundo.

Louis Prevost

La tarde del 8 de mayo de 2025, la plaza de San Pedro vibraba de júbilo: *Habemus papam.* Por primera vez en la historia de la Iglesia, un estadounidense se asomaba al balcón central de la basílica para impartir la bendición *urbi et orbi.* El cardenal Robert Prevost, nacido en Chicago, Illinois, se presentaba al mundo con un nuevo nombre: León XIV.

Pocos lo esperaban. No figuraba entre los favoritos de las apuestas.

Días antes del conclave, su hermano John le dijo:

–El próximo papa podrías ser tú.

–Tonterías. No van a elegir a un estadounidense –respondió–.

Y allí estaba, con la sotana blanca, la muceta y la estola rojas, impartiendo su primera bendición a la Iglesia universal.

Los políticos y líderes religiosos de su país expresaron alegría y orgullo.

El presidente Donald J. Trump, escribió: «Felicitaciones al cardenal Robert Francis Prevost, quien acaba de ser elegido papa. Es un gran honor saber que es el primer papa estadounidense. ¡Qué emoción y qué gran honor para nuestro país! Espero con ansias conocer al papa León XIV, será un momento muy significativo».

También los expresidentes. Joe Biden: «*Habemus papam*, Dios bendiga al papa León XIV de Illinois». Y Barack Obama: «Michelle y yo enviamos nuestras felicitaciones a un ciudadano de Chicago. Su Santidad el papa León XIV. Este es un día histórico para Estados Unidos, y rezaremos por él al comenzar la sagrada labor de dirigir la Iglesia católica y ser un ejemplo para tantos, independientemente de su fe».

El arzobispo Timothy Broglio, presidente de la Conferencia de Obispos Católicos de Estados Unidos, escribió:

> «Nos alegra que un hijo de esta nación haya sido elegido por los cardenales, pero reconocemos que ahora pertenece a todos los católicos y a todas las personas de buena voluntad. Sus palabras en defensa de la paz, la unidad y la actividad misionera ya indican un camino a seguir. Confiando en el Espíritu Santo, también oramos para que el Santo Padre, como sucesor de san Pedro, goce de serenidad en su ministerio y sea un pastor vigilante y sabio que nos confirme en la fe y llene el mundo con la esperanza inspirada por el Evangelio de Jesucristo»[1].

---

[1] En: https://loyol.ink/oklkl

Y el provincial de la provincia de Santo Tomás de Villanova, padre Robert P. Hagan:

«Como estadounidenses, tenemos motivos para sentirnos emocionados y orgullosos. Somos un pueblo amoroso, aunque todos tenemos nuestros defectos y desafíos. El papa León representa todo lo bueno de ser estadounidense: trabajar por la libertad, la justicia y las oportunidades para todas las personas, los valores fundamentales sobre los que se fundó este país. Nos invita a ser instrumentos y promotores del bien común. Estos son los valores que el papa León ha vivido y compartido por todo el mundo. Ha servido como sacerdote, misionero, líder, administrador, consejero y maestro. Su papado es la culminación de todos sus dones y experiencia, y el mundo ahora se beneficia de ello»[2].

León XIV lleva en el corazón la tierra donde nació. Ama a su país y aprendió a creer con los gestos sencillos de la Iglesia de los Estados Unidos: las devociones populares, las celebraciones parroquiales, la vida compartida en comunidad. Sus padres no eran espectadores, sino activos colaboradores que sostenían la parroquia día a día; y su familia entera vivía la fe como un compromiso natural. De ese ambiente participativo y cálido brotó su vocación. Y es, en lo profundo, hijo de esa Iglesia estadounidense que se construye con la fe cotidiana de su gente.

Celebra, con familiares y amigos las fiestas tradicionales de Estados Unidos, como el Memorial Day (último lunes de mayo), el Independence Day (4 de julio), o el Thanksgiving Day (el cuarto jueves de noviembre). Antes

---

[2] En: https://loyol.ink/isins

de que lo eligieran papa procuraba reunirse con sus hermanos en Chicago. Y participaba en la vida política de su país, ejerciendo su derecho al voto en cada elección.

Antes de León XIII, ningún papa había mirado con detenimiento a los Estados Unidos. Y quizá ninguno volvió a hacerlo con tanto énfasis hasta san Juan Pablo II.

A fines del siglo XIX, aquel país parecía ofrecer un terreno propicio para la fe: libertad religiosa asegurada, separación del poder político, ausencia de persecuciones. Un escenario ideal –al menos en apariencia– para que el catolicismo eche raíces. Y las echó: en apenas unas décadas había pasado de ser una minoría marginal para convertirse en una presencia sólida, con diócesis bien estructuradas, obispos influyentes, universidades en expansión, congregaciones activas y millones de nuevos fieles llegados con las oleadas de inmigrantes. El catolicismo ya no era un huésped incómodo, era un actor reconocido.

Pero lo que para muchos era triunfo, León XIII lo leía como riesgo. Esa misma libertad que protegía a la Iglesia podía vaciarla desde dentro si no se cuidaba su esencia. ¿Qué pasa con una fe cuando se acomoda demasiado al entorno que la hospeda? ¿Qué queda de la tradición cuando se adapta para ser aceptada? El papa de la *Rerum novarum*, tan atento a los procesos de modernidad, percibió que en Estados Unidos no estaba en juego solo la vitalidad de una Iglesia local: allí se jugaba la credibilidad de toda la Iglesia universal frente al mundo moderno.

Por eso, en 1895, lanzó la encíclica *Longinqua oceani*. No pretendía replegar a los católicos ni mucho menos negarles su lugar en la vida pública. Al contrario: animaba a una participación activa y madura. Lo que le preocupaba era la tentación más sutil: rebajar el mensaje para hacerlo más digerible; suavizar la verdad para ganar prestigio social; callar en temas incómodos para obtener reconocimiento. En suma: convertir el catolicismo en algo «americano» entendido en la peor acepción del término, como una religión pragmática, emotiva, autosuficiente y voluntarista, desligada del magisterio y de la tradición común que sostenía a la Iglesia entera.

Cuatro años más tarde, en 1899, su advertencia se volvió explícita con *Testem benevolentiae*. Allí habló del «americanismo» como de una desviación real. No era un simple problema pastoral de un país joven, sino un síntoma global. Si en la Iglesia más libre, pujante y expansiva se relativizaban los fundamentos, ¿qué quedaba para las demás? En un entorno que proclamaba la libertad religiosa como garantía absoluta, el riesgo era que la fe se redujera a un asunto privado, a emoción subjetiva, sin fuerza para modelar la vida pública ni sostener principios firmes. León XIII entendió que, si en Estados Unidos se vaciaba lo esencial, todo el edificio católico podía resquebrajarse.

Lo notable es que su intervención no fue un gesto de desconfianza, sino de esperanza vigilante. Confiaba en que el catolicismo podía prosperar en ese país, pero quería poner cimientos sólidos. La Iglesia podía dialogar con la democracia, pero no confundirse con ella; podía integrarse en una sociedad plural, pero sin perder su alma en consensos superficiales; podía crecer, sí, pero solo si permanecía enraizada en la tradición que la nutría. Su preocupación no era política. Era eclesial. Entendía que la tensión entre identidad y adaptación, entre tradición y pluralismo, entre verdad y consenso, no iba a desaparecer. Y por eso dejó escrito un aviso sin fecha de caducidad: el catolicismo no puede sobrevivir a costa de su verdad.

Ese dilema, planteado en 1895, sigue siendo uno de los nudos centrales de la Iglesia contemporánea. Las palabras de León XIII no ofrecen soluciones fáciles, pero mantienen viva una tensión fecunda que todavía hoy nos obliga a pensar. Quizá por eso su eco resuena en nuestro presente. En esa mirada larga –que atraviesa siglos, regímenes y continentes– puede leerse también un guiño de la Providencia en la elección de Robert Prevost. No solo porque nació y se formó en el mismo país que León XIII quiso interpelar, sino porque, al asumir el nombre de León, trazó una continuidad deliberada. Como si quisiera recordar que el evangelio puede habitar la democracia sin plegarse a sus lógicas, dialogar sin confundirse, entrar en ella sin perderse. Porque, precisamente en los contextos que parecen más favorables, es donde lo esencial corre mayor riesgo de diluirse, casi en silencio, hasta volverse invisible.

Desde este prisma se entiende también la claridad con que habló sobre la familia y la defensa de la vida.

En la misa del Jubileo de las Familias, el 1 de junio de 2025, proclamó: «El matrimonio no es un ideal, sino el modelo del verdadero amor entre el hombre y la mujer: amor total, fiel y fecundo».

Y añadió: «… del seno de las familias nace el futuro de los pueblos».

Invitó a los matrimonios a ser signos de paz en una sociedad desgarrada. Y aludiendo, sin nombrarlos, a conflictos como los de Gaza y Ucrania, denunció a quienes invocan la libertad no para dar vida, sino para quitarla.

Con esa conexión situó el amor conyugal sacramental en el corazón mismo del respeto por la vida humana.

Y no se quedó en abstractos: puso delante los rostros de familias concretas que dieron testimonio heroico de fe, como Luis y Celia Martin, padres de santa Teresa del Niño Jesús, y la familia Ulma, asesinada en Polonia por proteger judíos durante la Segunda Guerra Mundial.

10

SOY AGUSTINO

«Me llamo Ángel Camino Lamelas, soy agustino. Hoy no vengo a hablar de mí, sino de nuestro querido Roberto, hoy papa León XIV.

El cónclave comenzaba el día 7. El día 6 le escribí: "Querido Roberto ya estarás a punto de entrar en el cónclave, quiero decirte que últimamente apareces en muchas quinielas se habla de ti muy positivamente".

A las 23:48 me suena el móvil, un mensaje de Roberto Prevost: "Querido Ángel, muchas gracias por tu mensaje. Todo en las manos de Dios".

El día de la elección fue inolvidable. Estaba con el obispo auxiliar Vicente Martínez en una iglesia repleta de gente. Como la misa era a las 19:00, intentamos esperar un poco más: la fumata blanca ya había salido. Pero pasaba el tiempo y a las 19:05 tuvimos que comenzar.

En plena homilía, una mujer al fondo informó: "¡Hay papa! Se llama León XIV, pero no he oído bien su apellido, me he quedado con el nombre de Roberto".

"¡No! –exclamé–. Sé quién es. Es Roberto Prevost, es agustino". Y me quedé dando gracias a Dios[1]».

---

[1] En: https://loyol.ink/hrkol

A los catorce años, Robert Prevost dio el primer paso de un camino que marcaría su vida: ingresó en el seminario menor de los agustinos, el Saint Augustine Seminary High School, en Holland, Michigan[2]. Allí fue madurando la decisión que lo llevaría, en 1977, al noviciado. Un año después emitió sus primeros votos de castidad, pobreza y obediencia en la Orden de San Agustín.

En 1981, con la profesión solemne, selló definitivamente su entrega: desde entonces, es agustino con deberes y derechos plenos.

¿Quiénes son los agustinos?

Una orden religiosa que hunde sus raíces en la *Regla de san Agustín*[3] y en su ideal de vida en común: «un solo corazón y una sola alma dirigidos hacia Dios».

Nacieron oficialmente en 1244, cuando el papa Inocencio IV unió a varios grupos de ermitaños bajo aquella Regla. Se consolidaron en 1256 con el papa Alejandro IV.

Los agustinos viven en fraternidad y se dedican a la oración, el estudio y la evangelización, convencidos de que la fe se transmite a través de la vida comunitaria y el servicio a los demás.

El fin de la Orden lo expresan sus *Constituciones* con una sencillez exigente: vivir en fraternidad y amistad, buscar y

---

[2] Allí se encontró con Robert Dodaro, otro de sus grandes amigos, hoy presbítero agustino. Crecieron y se formaron juntos, incluso hasta el doctorado. Se les conocía como «los dos Bob».

[3] San Agustín fundó monasterios en los que se vivía según la Regla que él mismo escribió. Con la caída del Imperio romano de Occidente, aquellos monasterios desaparecieron, pero sobrevivieron grupos de laicos y presbíteros que eligieron vivir en comunidad guiados por la Regla del obispo de Hipona.

honrar a Dios juntos, y servir a su pueblo. Esta misión se traduce en la obra evangelizadora de la Iglesia: llevar la Buena Nueva «a todos los grupos humanos, para que, al transformarlos interiormente por su propia eficacia, haga nueva a la misma humanidad». Este testimonio –más que las palabras– es su gran tarea.

¿Cómo lo hacen posible? Consagrándose a Dios mediante los votos religiosos; cuidando el culto; viviendo en común con fidelidad; profundizando en la interioridad y en el estudio; respondiendo a las necesidades de la Iglesia y de la sociedad; trabajando manual e intelectualmente en servicio de la comunidad.

La Orden se reconoce oficialmente con el nombre de Orden de San Agustín (OSA). Su escudo muestra un libro abierto con un corazón atravesado por el dardo de la caridad: signo de la verdad iluminada por el amor. El hábito, negro o blanco según la tradición, se ciñe con una correa de cuero negro: un signo externo de una consagración que compromete toda la vida.

La Orden de San Agustín es profundamente evangélica y eclesial.

«Ante todas las cosas, queridísimos hermanos, amemos a Dios y después al prójimo, porque estos son los mandamientos principales que nos han sido dados»[4].

Promueve la búsqueda de Dios y la interioridad:

«No salgas fuera, retorna a ti mismo, en el hombre interior mora la verdad. Y si encontrares que tu naturaleza es mudable, trasciéndete también a ti mismo... Tiende, por tanto, allí donde se enciende la misma luz de la razón»[5].

---

[4]   SAN AGUSTÍN, *Regla de San Agustín*, 1. Véase *Mateo* 22,37-40.
[5]   SAN AGUSTÍN, *De la verdadera religión*, XXXIX/72.

La luz del maestro interior ilumina la realidad temporal y hace posible la contemplación agustiniana: descubrir en el hombre la imagen de Dios, en la Iglesia al Cristo total, en la historia la esperanza de retornar a la paz de la patria.

Y lo hace desde la comunión de vida:

«En primer término –ya que con este fin os habéis congregado en comunidad– vivid en la casa unánimes y tened una sola alma y un solo corazón orientados hacia Dios»[6].

La comunidad es fruto de la caridad y se expresa en la amistad, que engendra y nutre la fidelidad, la confianza, la sinceridad y la mutua comprensión.

La amistad en Cristo no solo favorece el desarrollo de la personalidad de cada uno, sino que también aumenta la libertad en la misma comunidad, en la que una sana amplitud de mente promueve un diálogo abierto y donde cada uno goza de la necesaria autonomía para poder servir mejor a Dios.

Los agustinos están al servicio de la Iglesia y la evangelización. Hoy son más de 2700 religiosos repartidos en aproximadamente 45 países.

Del tronco agustiniano brotaron en el siglo XVI ramas de observancia más estricta. Con el tiempo, esas ramas se convirtieron en órdenes autónomas: los agustinos recoletos, reconocidos oficialmente en 1912, y los agustinos descalzos, en 1931.

El 13 de mayo de 2025, el papa León XIV hizo una visita sorpresa a la curia de los agustinos. Celebró la eucaristía con ellos y, luego, comieron juntos. Según el padre Alejandro

---

[6] SAN AGUSTÍN, *Regla de San Agustín*, 3.

Moral, entonces prior general de la Orden, la visita fue sencilla y profunda: «Solía venir a comer con regularidad cuando era cardenal […]. Esta visita era su forma de agradecer a la comunidad, de regresar a casa. Era muy familiar, muy cálido […]. Nos dijo que debemos permanecer siempre cerca unos de otros y vivir en comunión, como enseñó san Agustín».

El padre Pasquale Cormio compartió lo que el Pontífice les dijo: «Como papa puedo renunciar a muchas cosas. A conducir un coche, a caminar libremente… Pero nunca renunciaré a ser agustino ni a sentirme hermano vuestro»[7].

El 3 de junio de 2025 volvió a la curia de los agustinos. Esta vez para celebrar el 70.º cumpleaños del prior general.

Roberto y Alejandro se conocieron en Roma cuando eran estudiantes y vivían en el Colegio Internacional Santa Mónica (1982-1984). Alejandro se formó en Sagrada Escritura y Roberto en Derecho Canónico. En 2001 se volvieron a encontrar. Roberto fue elegido prior general de la Orden, y nombró vicario general a Alejandro. Trabajaron juntos durante doce años (2001-2013). En 2013, el padre Alejandro fue elegido prior general de la Orden y estuvo en ese cargo hasta inicios de septiembre de 2025.

El 19 de mayo de 2025 le preguntaron a Alejandro si a la Iglesia le hacía bien este paso: primero un papa marcado por el carisma ignaciano, ahora uno agustiniano. Respondió:

«Deseamos que los elementos que componen el carisma de la Orden de San Agustín: comunión (unidad-fraternidad-amistad), interioridad, búsqueda de la Verdad y servicio a la Iglesia puedan ayudarnos a todos a renovar

---

[7]   https://loyol.ink/23bsy

nuestras vidas y la vida de la Iglesia. Los carismas de las órdenes, congregaciones e institutos forman parte de la misma Iglesia»[8].

27 de julio de 2025

Llegamos al comedor de la curia de los agustinos para la hora de la comida. Y mi corazón latía a mil al unirme de nuevo a una mesa compartida con quienes siento tan cercanos en la fe: los agustinos.

El padre Alejandro Moral nos recibió, y todos los presentes, con el rostro desbordante de alegría, comenzaron a saludar al Santo Padre, León XIV.

Sin duda, León XIV podrá renunciar a muchas cosas que pueda «hacer», pero nunca a lo que «es», su vida, su identidad, su «ser» agustino.

Muchos cuerpos, pero no muchas almas. Muchos cuerpos, pero no muchos corazones. Una sola alma, un solo corazón orientados hacia Dios.

---

[8] En: https://loyol.ink/dauzn

11

EL EVANGELIO DEL LEÓN

–Si tuvieras que presentar, de modo creativo, a cada evangelista ¿cómo lo harías? –me preguntó Roberto–.

–Depende del público y del tiempo –le respondí–.

–Bueno, imagina que tienes que presentármelos brevemente.

–Empezaría con Marcos: el más antiguo de los Evangelios que conservamos. Su texto me evoca a la interpretación de un cantor que canta a capela, directo y sin adornos. Luego, Mateo, más cercano a un trovador popular: profundo, sabio, pero escuchado por un círculo limitado. Después Lucas, que se parece a un cantante pop: accesible, pegadizo, universal. Y al final Juan, que sería como Pavarotti: una voz poderosa que no solo se escucha, sino que atraviesa el alma.

–Interesante, me quedo con tu presentación.

Roberto es un apasionado del Evangelio. Se conmueve por la riqueza de interpretaciones que la Palabra suscita. Como san Agustín, «toma y lee» el Evangelio día a día y lo deja resonar en su interior.

Siempre se ha rodeado de amigos biblistas[1], a quienes escucha y consulta con atención. No resulta extraño, entonces, que sus primeras palabras en la bendición *urbi et orbi* fueran el saludo pascual de Cristo resucitado: «¡La paz esté con todos ustedes!».

Durante su etapa como formador de los agustinos, insistía a los chicos en formación que aplicasen el método «ver, juzgar y actuar» a todo comentario bíblico de carácter público[2]. Explicaba brevemente que:

El momento de «ver» implica contemplar la realidad, lo que sucede. Se trata de mirar con amplitud y profundidad, sabiendo que ninguna contemplación es neutral: siempre está mediada por presupuestos.

El «juzgar» consiste en analizar la realidad a la luz de la fe y del mensaje de Jesús y de la Iglesia, para discernir qué favorece o qué dificulta acoger el proyecto de Dios. Este paso exige hondura en el mensaje cristiano, vida de oración, diálogo con Cristo, purificación del egoísmo y capacidad de dar razón de la fe.

El momento del «actuar» propone una respuesta transformadora que nos acerque a la voluntad de Dios. Es el tiempo

---

[1] Su actual secretario personal, el padre Edgar Iván Rimaycuna Inga estudia en el Pontificio Instituto Bíblico de Roma. Cuando era prior general de los agustinos, tanto el secretario general de la Orden, el padre Miguel Ángel Martín Juárez, como el vicario general de la Orden, el padre Alejandro Moral Antón, eran biblistas.

[2] Recogía así la recomendación del papa Juan XXIII: «Es muy oportuno que se invite a los jóvenes frecuentemente a reflexionar sobre estas tres fases y a llevarlas a la práctica en cuanto sea posible: así, los conocimientos aprendidos y asimilados no quedan en ellos como ideas abstractas, sino que les capacitan prácticamente para llevar a la realidad concreta los principios y directrices sociales» (*Mater et magistra*, 237).

del compromiso, que no puede quedar en lo individual, sino que debe alcanzar también la dimensión social.

Cuando era párroco aplicaba siempre este método, de modo que todos pudiéramos comprender el mensaje del Evangelio y que al salir de misa no lo olvidáramos, porque llevaba consigo un compromiso que debíamos realizar.

Al escuchar en su primera audiencia general la explicación de la parábola del sembrador, me emocioné. Sus palabras me recordaban a sus homilías de los domingos en los años noventa:

«Estamos acostumbrados a calcular las cosas –y a veces es necesario–, ¡pero esto no vale en el amor! La forma en que este sembrador "derrochador" arroja la semilla es una imagen de la forma en que Dios nos ama. Es cierto que el destino de la semilla depende también de la forma en que la acoge el terreno y de la situación en que se encuentra, pero ante todo, con esta parábola, Jesús nos dice que Dios arroja la semilla de su palabra sobre todo tipo de terreno, es decir, en cualquier situación en la que nos encontremos: a veces somos más superficiales y distraídos, a veces nos dejamos llevar por el entusiasmo, a veces estamos agobiados por las preocupaciones de la vida, pero también hay momentos en los que estamos disponibles y acogedores. Dios confía y espera que tarde o temprano la semilla florezca. Él nos ama así: no espera a que seamos el mejor terreno, siempre nos da generosamente su palabra. Quizás precisamente al ver que él confía en nosotros, nazca en nosotros el deseo de ser un terreno mejor. Esta es la esperanza, fundada sobre la roca de la generosidad y la misericordia de Dios»[3].

---

[3] Papa León XIV, *Catequesis. Jubileo 2025. Jesucristo, nuestra esperanza. II La vida de Jesús. Las parábolas*, Audiencia general del 21 de mayo de 2025.

Y entonces, retomé la reflexión que me había surgido cuando eligió llamarse León XIV.

En la Biblia, las visiones de Ezequiel y del Apocalipsis hablan de cuatro seres que guardan el trono: un hombre, un león, un toro y un águila. Figuras enigmáticas que la tradición cristiana convirtió en retratos de los evangelistas.

Marcos es el *león*. Su relato es directo, no se entretiene: empieza en el desierto, con el rugido de Juan el Bautista. Su escritura es rápida, cortante, como si la urgencia misma del Reino lo empujara. El león habla de poder, de decisión, de vida que vence a la muerte, de la fuerza de una resurrección que irrumpe sin pedir permiso. Narra, por ejemplo, que Jesús se hizo bautizar por Juan en el Jordán[4].

Mateo lleva el rostro del *hombre*, acompañado a veces por un ángel. Su Evangelio se abre con una larga genealogía, como un desfile de nombres que anclan a Jesús en la tierra, en la carne, en la historia. Su símbolo recuerda que Dios no se quedó en las alturas, sino que se hizo cercano, es «Emmanuel», Dios con nosotros. Al narrar el bautismo de Jesús, inserta un diálogo en el que Juan el Bautista se resiste: «Soy yo quien necesito que tú me bautices, ¿y tú acudes a mí?». Pero Jesús le explica: «Ahora haz lo que te digo pues de este modo conviene que realicemos la justicia plena»[5].

Lucas se reconoce en el *toro*, el animal del sacrificio. Su Evangelio arranca en el templo, entre incienso y sacerdotes, y desde ahí va tejiendo historias de misericordia. El toro recuerda la entrega, la sangre ofrecida, el sacrificio que se convierte en esperanza. No es el hombre quien se merece la gracia, sino Dios, que generosamente la da a quien se

---

[4] Véase Marcos 1,9-11.
[5] Véase Mateo 3,13-16.

humilla, sirve y levanta a los demás. Al narrar el bautismo de Jesús no menciona la presencia de Juan: «Todo el pueblo se bautizaba y también Jesús se bautizó»[6].

Juan vuela más alto: es el *águila*. No empieza en Belén ni en el Jordán, sino en la eternidad: «En el principio era el Verbo». Sus palabras se elevan y atraviesan el cielo como un ave que no teme mirar de frente al sol. El águila encarna la visión que no se agota, la teología que penetra en lo inalcanzable. No menciona el bautismo de Jesús, pero alude a él y presenta a Juan el Bautista como testigo: «Yo no lo conocía; pero el que me envió a bautizar me había dicho: "Aquel sobre el que veas bajar y posarse el Espíritu es el que ha de bautizar con Espíritu Santo". Yo lo he visto y atestiguo que él es el Hijo de Dios»[7].

Juntas, estas cuatro imágenes no son un mosaico disperso, sino un retrato único. En el hombre, en el león, en el toro y en el águila se dibuja el mismo misterio: Cristo, a la vez humano y divino, cercano y eterno, sacrificado y victorioso. Cada evangelista ofrece un ángulo distinto, y solo cuando sus voces se entrelazan se adivina la magnitud del rostro que todos contemplan.

Así pues, tomando prestada la frase del padre agustino Miguel Ángel Martín Juárez, yo también me puse a soñar un poco. Y comencé a pensar en los cuatro últimos papas, y sin forzar mucho comencé a identificar o relacionar a cada papa con un evangelista.

Comencé con Francisco y lo relacioné con Lucas. Lucas es el evangelista de la misericordia. El que pone en boca de

---

[6] Véase Lucas 3,21-22.
[7] Véase Juan 1,32-34.

Jesús las parábolas del hijo pródigo, de la oveja perdida y del buen samaritano. Su relato abre los brazos, se detiene en los pequeños, escucha a los pobres y deja que la compasión sea la clave para entenderlo todo. Lucas escribe con el pulso de un médico que cura heridas y de un cronista que observa con ternura. Ese mismo pulso atraviesa el ministerio del papa Francisco. No es casual que él haya convocado un Jubileo extraordinario de la Misericordia en 2015, ni que insista en que la Iglesia debe ser un hospital de campaña. Como en Lucas, su palabra no es abstracta: se inclina sobre el caído, mira a los márgenes, devuelve dignidad a quien la había perdido. Lucas presenta a un Jesús que se sienta a la mesa con pecadores y publicanos; Francisco ha recordado una y otra vez que esa mesa sigue abierta hoy para todos. Lucas hace de la misericordia el centro de su Evangelio. Francisco, de su pontificado. Ambos repiten, con gestos y palabras, que Dios nunca se cansa de perdonar.

Continué con Benedicto XVI y lo relacioné con Juan. Juan es el evangelista de altura teológica. No comienza con la genealogía de una familia, sino con la eternidad: «En el principio era el Verbo». Sus páginas respiran hondura mística, pensamiento afinado y símbolos que rozan el misterio. Juan escribe desde arriba, como un águila que se eleva para contemplar el horizonte entero, y desde esa altura ilumina lo cotidiano con una luz más honda. Ese mismo vuelo caracteriza el ministerio de Benedicto XVI. Uno de los teólogos más importantes de nuestro tiempo, un maestro que supo unir fe y razón, Escritura y tradición, belleza y verdad. Como Juan, Benedicto mostró que la fe cristiana no es una suma de normas, sino un encuentro con la Palabra hecha carne, con el Logos que da sentido a todo. Su primera encíclica, *Deus caritas est*, suena a eco contemporáneo del prólogo de Juan: Dios es amor, y ese amor se hizo visible en Cristo. Juan es el evangelista que penetra en el corazón del misterio; Benedicto, el papa que ayudó a muchos a adentrarse en él con inteligencia y asombro. Ambos recuerdan que creer no es renunciar a pensar, sino elevar el pensamiento hasta tocar el amor de Dios.

Seguí con Juan Pablo II y lo relacioné con Mateo. Mateo es el evangelista del cumplimiento. Escribe para una comunidad golpeada por la caída del templo, y les muestra que, a pesar de eso, en Jesús se cumplen las promesas de Dios: él es el nuevo Moisés, la verdadera Ley, el Emmanuel que permanece con su pueblo hasta el fin de los tiempos. La Iglesia es el nuevo pueblo de Dios. Mateo habla a creyentes dolidos y les recuerda que la historia no termina en ruinas, sino en una alianza renovada. Ese mismo aliento marcó el ministerio de Juan Pablo II. Tras la caída del muro de Berlín y el derrumbe de las ideologías que prometían redención sin Dios, él señaló a Cristo como el verdadero Redentor del hombre. Igual que Mateo reubicó la fe después del templo destruido, Juan Pablo II reubicó la esperanza después de la caída de un sistema opresor: no son los poderes del mundo los que salvan, sino Jesucristo, Hijo de Dios vivo. Mateo proclama: «Bienaventurados los que tienen hambre y sed de justicia». Juan Pablo II lo encarnó, defendiendo la dignidad humana frente al totalitarismo, abriendo caminos de libertad con la fuerza del evangelio. Ambos, evangelista y papa, devolvieron a su tiempo la certeza de que, aun en medio de derrumbes y transiciones, Dios cumple su promesa: está con nosotros todos los días, hasta el fin del mundo.

Al llegar al papa León XIV decidí no escribir más...

En una de nuestras últimas conversaciones –esas en las que me deja hablar y escucha con la paciencia serena de un amigo– le mencioné este capítulo. Sonrió.

Le conté que el cardenal Francisco Robles Ortega, arzobispo de Guadalajara, había declarado que estaba sentado a su lado en el autobús que los llevaba de Santa Marta a la Capilla Sixtina, antes de la última elección, y que le había dicho:

–Señor, cardenal, si es la voluntad de Dios. Sea usted. Siga siendo usted. No se deje conducir por presiones de ningún tipo. Porque si a usted le dice Cristo: «Tú, eres Pedro», usted va a ser Pedro, como es usted.

Nuevamente sonrió. Y añadí:

–Los cardenales te eligieron papa, sucesor de Pedro. Yo ya sé cuál es mi misión. Acompañarte, ser tu amigo, como Marcos, el evangelista. Discípulo de Pedro.

Nos reímos...

12

SALVATORE Y SUZANNE

–¿Por qué te gusta leer los Evangelios? –Me preguntó Luigi–.

–Porque en ellos encuentro a Jesús, o al menos al Jesús de los evangelistas. Su vida y su mensaje han moldeado en gran medida nuestro mundo; lo siguen orientando y transformando pese a las injusticias y las tragedias. No hablo tanto de su impacto político como de su huella en la vida cotidiana de millones de personas.

–Y ¿consideras que leer los Evangelios ayuda?

–Por supuesto. Es como brújula que marca rumbo y luz que alumbra en la oscuridad.

–¿No es un mensaje antiguo para gente sin estudios?

–El mensaje del Evangelio de Jesús es antiguo, sí, pero también actual. No solo para quienes no han podido estudiar –el analfabetismo en el Perú sigue siendo alto–, sino también para quienes tienen sólida formación. No se trata de acumular datos sobre Jesús, sino de dejarse transformar por él y vivir como él.

–¿Qué es lo que más te gusta de su mensaje?

–El anuncio de un Dios que es amor: que nos acoge y, desde ese amor, nos envía a amar a los demás. Su deseo es que vivamos como hermanos, amándonos unos a otros con todas las consecuencias que eso implica. Pero no siempre lo logramos; por eso él nos tiende la mano, con su Palabra, la eucaristía, la Iglesia, para levantarnos y volver a empezar.

—Suena sencillo.

—Decirlo lo es; vivirlo, no. Los caminos del Señor son inescrutables: cuesta reconocer su presencia en los momentos duros. Ahí toca confiar, eso es fe. Él suele escribir recto sobre renglones torcidos...

—Es un Dios de sorpresas... Recuérdalo.

El nombre completo de Luigi era Louis Lanti Marius Prevost, padre de Robert Francis Prevost. Lo conocí a mediados de los noventa, cuando viajaba a Trujillo para visitar a su hijo; a veces se quedaba un mes entero. Persona extraordinaria, de amplio bagaje y experiencia. Me encantaba conversar con él, preguntarle sobre los grandes acontecimientos que le tocó vivir: la Segunda Guerra Mundial, Vietnam, la llegada del hombre a la Luna, etc.

Le llamábamos Luigi porque hablaba con las manos y dominaba más el italiano que el español. Un hombre entrañable, un amigo del alma, cuya presencia dejó huella en mi vida.

A finales del siglo XIX, miles de italianos del sur zarpaban rumbo hacia Estados Unidos. La mayoría viajaba en tercera clase, con lo imprescindible. El trayecto, de diez a quince días, transcurría entre hacinamiento, aire viciado y escasa comida.

Al divisar la Estatua de la Libertad a la distancia, muchos creían rozar la Tierra Prometida. Pero Ellis Island imponía otra verdad. Entre 1892 y 1954, casi 12 millones de personas cruzaron las salas del centro de inmigración que allí había. Los filtros para entrar eran implacables: revisiones contra la tuberculosis, la sífilis o la lepra; registros de identidad; preguntas capciosas. Un estornudo, un documento mal conservado o una barba mal cuidada podían torcer el destino y marcar el regreso forzoso a Europa.

Al salir de Ellis Island muchos se quedaban en Nueva York; otros seguían hasta Chicago. Allí solía funcionar la cadena invisible de apoyo: el primo que había migrado antes, el paisano que conocía a un capataz, la parroquia que sabía de una habitación libre. El primer anclaje se encontraba casi siempre entre Little Italy, Taylor Street, el Near West Side. Se alquilaba un cuarto, se buscaba trabajo, y el llamado «sueño americano» echaba a andar.

Los empleos más accesibles estaban en la construcción, los servicios urbanos o las fábricas más duras. Sueldos bajos, sin contratos ni garantías, turnos interminables. La necesidad dictaba las reglas. Aun así, era un avance: en el campo italiano había menos. En Estados Unidos, en cambio, quien trabajaba bien podía quedarse; quien evitaba problemas, ahorrar; y quien resistía lo suficiente, reunir a su familia.

Pero también se producían excepciones sorprendentes, como la de Salvatore Giovanni Riggitano, padre de Luigi. Nació en 1876, en Milazzo, ciudad portuaria al norte de Sicilia[1], famosa por su castillo y por su ubicación estratégica entre Mesina y Palermo. Era el menor de una familia numerosa. Su padre, Santi Riggitano, nacido en 1824, era *usciere communale* –ujier municipal–; su madre, Maria Alioto,

---

[1]	Según me relató el papa León XIV, un historiador le hizo notar la grandeza de la Providencia: según sus investigaciones, Salvatore había nacido en una casa de la calle San Agustín, cerca de una iglesia San Agustín, en Sicilia.

nacida en 1834, hija de Francesco Alioto y Vittoria Trusiano; los Alioto tenían pequeñas fincas. A los 19 años, Salvatore obtuvo un diploma en matemáticas, historia y lenguas modernas, algo excepcional en una Sicilia con más del 60% de analfabetismo. La elección de lenguas modernas respondía a la apertura creciente de la isla al comercio y a la emigración masiva que la despoblaba. Quizá ahí comenzó su «sueño americano».

Con 27 años lo dejó todo y, junto a sus hermanas Rosa (31 años) y Vittoria (40 años), y el esposo de esta, Vincenzo Cento (50), embarcó en el *Perugia* rumbo a Estados Unidos. Viajaban en tercera clase, la única opción accesible para la mayoría de emigrantes del sur de Italia en aquel tiempo.

Llegaron a Nueva York el 5 de junio de 1903. Según el manifiesto del *Perugia*, iban a reunirse con un primo, Pío G. V. Chillegui, en el número 192 de Broome Street, Lower East Side de Manhattan, entonces un enclave de migrantes. Salvatore declaró llevar 26 dólares al desembarcar en Ellis Island: suma modesta, suficiente para cumplir los requisitos de entrada y empezar de nuevo.

Tras unos días en la Costa Este, los hermanos se trasladaron a Quincy, ciudad dinámica del oeste de Illinois, a orillas del Misisipi. Se asentaron allí; Salvatore vivió con Vittoria en el 934 de Maine Street. Quincy despuntaba por su metalurgia y por una clase media en ascenso que reclamaba escuelas secundarias con programas ampliados, conservatorios musicales y academias privadas que emulasen a las instituciones de la Costa Este. En ese contexto, la enseñanza de lenguas extranjeras –sobre todo francés, español e italiano– ganó valor. Además, el sistema ferroviario permitía a profesores itinerantes organizar circuitos semanales de enseñanza entre ciudades cercanas, sin necesidad de residencia fija. La movilidad, unida a la escasa competencia, hizo viable la figura del profesor nativo por horas en distintas localidades.

Salvatore se fue asentando sin prisa, pero sin pausa. En 1904 se matriculó en el St. Francis Solanus College –hoy Quincy University– dirigido por los franciscanos, para algunos cursos de comercio. Empezó a trazar la red que luego le permitiría enseñar en varias ciudades. Hacia 1906 impartía italiano, francés y español en el Felt Studio of Music. El 5 de septiembre de 1907 fue nombrado profesor de español en el Quincy High School, aplicando el método de la Scuola di Firenze, centrado en la conversación desde la primera clase. En 1908 ya figuraba en el callejero como profesor del Conservatorio de Música de Quincy.

A finales de 1908, su carrera dio un salto hacia el modelo itinerante, muy común en el Medio Oeste. Como Giovanni, John, o simplemente «profesor Riggitano», ofrecía clases semanales en Keokuk, Galesburg, Burlington, Fort Madison y también Chicago. Viajaba en tren, se alojaba en pensiones, alquilaba por horas salones privados, aulas parroquiales o salas laterales de bibliotecas públicas. Conocidos y alumnos lo describían como excelente instructor, muy culto y viajero, hombre de fe que incluso consideró el sacerdocio. Poco a poco fue haciéndose un nombre y un pequeño patrimonio. En 1904 ya había comprado una pequeña propiedad en Chicago. En octubre de 1910 publicó en el *Chicago Tribune* un anuncio de clases con su propio método, el «Riggitano Method».

El 14 de abril de 1914 se casó con Daisy Hughes, natural de Winterset, Iowa. Ese mismo año se unió a la Spry School of Music de Chicago y colaboró con el club Lovers of Italy, promoviendo la lengua y la cultura italianas entre las nuevas generaciones de inmigrantes.

En 1917, irrumpió otra mujer en su vida: Suzanne Marie Louise Fontaine, la que llevaría a Estados Unidos el apellido Prevost. Nacida en Le Havre el 2 de febrero de 1894, hija de Ernest Auguste Fontaine y de Jeanne Eugénie Prévost –probablemente pasteleros–. Había llegado a Nueva York el 22 de marzo de 1915, a bordo de *La Touraine*. A su llegada, fue acogida en el Jeanne D'Arc Home for Friendless French Girls, donde residió al menos hasta finales de ese año, trabajando como institutriz.

No sabemos aún cuándo ni cómo se conocieron Salvatore y Suzanne. Lo cierto es que, en marzo de 1917, ambos fueron arrestados en Quincy, en casa de Vincent Cento –cuñado de Salvatore– tras denuncia por adulterio presentada por Daisy Hughes. El caso se publicó en la prensa local y generó morbo y tensión.

Cento los defendió en público y habló de malentendido, según el artículo «Riggitano in Triangle» del *Quincy Herald* (19 de marzo de 1917). Alegó que Suzanne era hija de un viejo amigo suyo. Cuando estalló la Gran Guerra en Europa, el padre y los tíos de Suzanne fueron llamados al frente, y la joven decidió venir a los Estados Unidos. Al llegar a Nueva York buscó trabajo como profesora de idiomas y le hablaron de Riggitano en Chicago. Suzanne se desplazó hasta allí, se presentó ante Riggitano, y fue él quien, al conocer su historia, le habló de Vincenzo Cento: el viejo amigo de su padre, afincado en Quincy. Riggitano le propuso visitar Quincy y así lo hizo Suzanne. La joven fue acogida durante unos días como invitada en casa de la familia Cento. Fue entonces cuando se desencadenó el escándalo.

El testimonio, lleno de lagunas, no convenció a la policía. Durante la detención, Suzanne fingió no entender bien el inglés, quizás para esquivar preguntas incómodas. Todo apuntaba a una coartada para tapar la relación que tenían.

Tras pagar fianza, Salvatore se replegó a Chicago. Suzanne, embarazada, salió de Illinois para dar a luz fuera del estado y evitar mayor presión social y legal. No hubo juicio, pero sí ruptura: Salvatore no volvió a convivir con Daisy. Adoptó otra identidad: tomó el apellido Prévost –de la madre de Suzanne–, en grafía inglesa Prevost, y empezó a presentarse como Jean Prevost y luego John R. Prevost, nombre que figura en el registro federal de extranjeros de 1940. No volvió a usar Riggitano en su documentación, salvo en asuntos de su escuela. Suzanne adoptó el apellido Fabre. Ambos cortaron con el pasado y comenzaron nueva vida sin regresar a sus identidades previas.

Esta historia es un ejemplo más de cómo la migración no solo transforma trayectorias personales, sino que también obliga a redefinir identidades, vínculos y proyectos vitales. En escenarios nuevos y ante miradas desconocidas, muchos inmigrantes debieron reconstruirse, asumir nuevos nombres y adaptarse a contextos que les exigían dejar atrás certezas y relatos previos. Experiencias marcadas por el cambio, el amor y la reinvención, reflejan la realidad de generaciones enteras que buscaron en otros países una oportunidad para empezar de nuevo y, con ello, dieron vida a nuevas historias familiares.

No hay constancia documental de matrimonio civil o religioso, pero desde 1920 vivieron como pareja de hecho, compartiendo hogar, dirección, responsabilidades y apellido. Ya en Chicago, renombraron la academia como «Escuela de Idiomas Riggitano-Prevost». Él impartía francés, español e italiano; ella, probablemente, francés. La escuela funcionó primero en el Fine Arts Building y luego en Kimball Hall, en la esquina de Wabash Avenue con Jackson Boulevard, pleno centro y foco de instituciones educativas y culturales: lugar ideal para una escuela con vocación internacional.

El primer hijo nació el 22 de julio de 1917 en Lackawanna, Nueva York, a orillas del lago Erie, al sur de Buffalo. Suzanne dio a luz en el Our Lady of Victory Infant Home, uno de los centros fundados por el padre Nelson Henry Baker –hoy venerable– y gestionado por las Hermanas de San José de Buffalo. El lugar funcionaba como maternidad para mujeres solteras y orfanato, acogiendo a muchas jóvenes que buscaban protección y anonimato en situaciones difíciles. Tras el escándalo de Illinois, Suzanne probablemente buscó refugio temporal en Canadá. Pero más tarde, al acercarse el parto, volvió: de Toronto pasó a Detroit y de ahí a Lackawanna. En el registro, el niño figura como Jean/John Centi Prevost; el padre, Jean Prevost, «instructor», dato coherente con la ocupación de Salvatore.

En julio de 1920, nació su segundo hijo, Louis Lanti Marius Prevost, en Chicago. Louis sería el padre de Robert, hoy papa León XIV.

Así Salvatore Giovanni Riggitano, el joven siciliano que llegó con un diploma en la maleta, se convirtió en John R. Prevost. Desde esa vida reconstruida, discreta y sin retorno, comenzó una historia que –sin que él lo sospechara– terminaría tocando el corazón del Vaticano.

13

LUIGI

La noticia nos golpeó por sorpresa: las operaciones no habían dado el resultado esperado. Roberto debía viajar con urgencia a Chicago. Desde la casa de los agustinos en Trujillo hasta el aeropuerto de Lima había 560 kilómetros aproximadamente, y la carretera imponía un límite de 100 km/h. Walker[1] y yo nos ofrecimos a acompañarlo y turnarnos en la conducción durante la noche para llegar antes de las 6:00. Después tendríamos que regresar con la furgoneta.

No había vuelo directo a Chicago; las escalas hicieron más pesado el trayecto. Fue un día interminable, encadenado de viajes. Al entrar por fin en la sala de cuidados intensivos, Roberto dio gracias a Dios: Luigi estaba en reposo.

Cuando su padre abrió los ojos y lo reconoció, dijo sorprendido:

—¿Qué haces aquí? ¡Deberías estar en la misión!

Roberto se inclinó, lo abrazó y le dio un beso. Ambos sonrieron con complicidad. Luego, estallaron en una risa incontenible. No podían evitarlo, aunque a Luigi aquello le causara dolor.

---

[1] Walker Dávila Ríos en la actualidad es presbítero agustino en Iquitos, Perú.

Para comprender esa complicidad entre padre e hijo, conviene volver atrás, a los orígenes.

Louis Lanti Marius Prevost, nació el 28 de julio de 1920 y creció en Hyde Park, un barrio residencial del South Side de Chicago. Con unos cincuenta mil habitantes, se había consolidado como una de las zonas más estables y prósperas de la ciudad, situado en un punto intermedio entre el centro y la periferia.

La Universidad de Chicago, fundada en 1890, dominaba el lado oeste de Hyde Park y atraía a profesores, estudiantes y profesionales liberales.

Aunque plural en cuanto a orígenes y confesiones –mayoritariamente católicos, pero con presencia significativa de luteranos, metodistas, presbiterianos, episcopalianos y judíos–, Hyde Park no era un barrio racialmente diverso.

Allí empezó a vivir la incipiente familia Prevost. Criado en un hogar donde la educación y la vida comunitaria eran prioridad, cursó la primaria, con su hermano mayor John, en la Ray Elementary School, y la secundaria en la Hyde Park High School. En paralelo, la familia Prevost se vinculó de lleno a la parroquia de Santo Tomás Apóstol.

Tras la secundaria ingresó en el Woodrow Wilson Junior College, que combinaba formación práctica y académica para una ciudad en constante transformación. Allí colaboró en la *Chicago Junior College French Magazine*, donde ejercitó un idioma que ya dominaba en casa y ensanchó su horizonte cultural.

Se graduó en junio de 1940 con notas sobresalientes en francés, oratoria y ciencias humanas. Esa combinación de competencia lingüística, capacidad comunicativa y bagaje en análisis social cimentó su perfil académico y profesional.

Su trayectoria dejaba entrever un compromiso sólido con el aprendizaje y la disposición a asumir retos de mayor complejidad y responsabilidad.

Por entonces se incorporó al *Hyde Park Herald*, donde asistía al editor A. J. McFul en la redacción de este semanario dedicado a noticias, política, vida comunitaria y cultura del barrio y sus alrededores. Esa experiencia le permitió entrar en contacto directo con la realidad local, ejercitar el oficio periodístico y captar de primera mano el pulso social y político de la ciudad.

En junio de 1941 comenzó Ciencias Políticas en el Central YMCA College de Chicago, un centro singular para la época: católicos, protestantes, judíos y afroamericanos compartían aulas en un ambiente que promovía la diversidad como valor esencial.

La entrada de Estados Unidos en la Segunda Guerra Mundial, tras el ataque a Pearl Harbor el 7 de diciembre de 1941, marcó un quiebre en la vida cotidiana del país. Fue como si se abriera de golpe una compuerta: millones de personas, hasta entonces inmersas en estudios, trabajos o planes familiares, se vieron arrastradas por una nueva urgencia colectiva ineludible, la de defender algo más grande que uno mismo.

Con apenas 21 años, decidió alistarse el 16 de febrero de 1942, poco después de que su hermano mayor John fuera reclutado como soldado raso. John, hasta ese momento, había seguido un itinerario académico clásico: licenciado en lenguas romances, con maestría en francés y bibliotecario en la Universidad de Chicago.

Eligió la Armada e ingresó el 18 de abril de 1942 como aprendiz de marinero en el programa V-7, destinado a jóvenes universitarios con aptitudes de liderazgo. Este programa les permitía compaginar los estudios con el entrenamiento militar inicial y, al graduarse, acceder directamente a la oficialidad con las competencias requeridas para una guerra moderna.

Su primer destino fue el campamento de Great Lakes, en Illinois, donde empezó la instrucción sin abandonar sus estudios en el Central YMCA College. Para ingresar de lleno en el programa debía obtener el título universitario –*bachelor*– y aprobar materias específicas exigidas por la Reserva Naval, entre ellas dos semestres de matemáticas y un curso de trigonometría, esenciales para la navegación y la artillería. Su concentración, disciplina y constancia le permitieron avanzar con firmeza en ambos frentes.

En agosto de 1943 entró en la Midshipmen's Reserve Officers School de la Universidad de Columbia, uno de los principales centros de formación de oficiales navales. Allí obtuvo la comisión de *Ensign* (alférez), en noviembre de ese mismo año, en pleno auge de movilización nacional.

Poco después fue destinado al *USS LST-286*, buque de desembarco de tanques con base en Nueva Orleans, clave en la estrategia aliada para los asaltos anfibios. Allí ejerció como asistente de navegación y oficial de instrucción en reconocimiento. Su tarea principal consistía en adiestrar a la tripulación para identificar con rapidez los distintos tipos de aviones y barcos, tanto enemigos como aliados.

El primer gran reto fue cruzar el Atlántico en un LST, barco nunca pensado para esa travesía. «Nadie sabía si aguantarían el golpeo del Atlántico Norte en invierno –recordaba–. Cada día era una apuesta contra el mar».

Aquella travesía inaugural marcó el inicio de una etapa donde la improvisación, la capacidad de adaptación y el conocimiento técnico adquirieron una importancia vital.

La vida en los puertos británicos era tensa. «Sabíamos que pronto entraríamos en combate. Las emociones vividas antes de Normandía nunca se olvidan» –contaba–.

La madrugada del 6 de junio de 1944, una flota de más de cinco mil barcos cruzaba el Canal de la Mancha. El *USS LST-286* navegaba rumbo a la costa de Normandía. A bordo viajaban vehículos, suministros, y decenas de lanchas ligeras de desembarco. Entre ellas, una LCI (*Landing Craft Infantry*) al mando de un joven subteniente de la Marina estadounidense: Louis Prevost.

El *LST-286* formaba parte en la «Operación Neptuno», el despliegue naval de la «Operación Overlord» con el que los aliados buscaban abrir un frente occidental contra la Alemania nazi. La misión de Louis y su unidad era clara: poner al mayor número de tropas en tierra, en Omaha, una playa de ocho kilómetros convertida en el sector más fortificado de la costa francesa.

Las LCI eran naves veloces en trayectos cortos, ágiles en la maniobra y con capacidad para transportar hasta doscientos soldados por viaje. Su diseño respondía a una lógica implacable: llegar a la playa, descargar hombres y volver de inmediato por más. Para ganar velocidad, se sacrificó la protección: sin blindaje, un solo impacto bastaba para hacerlas estallar.

Aquel amanecer en Normandía debió de ser especialmente cruel para Louis. Las LCI encabezaban la línea de asalto, y su mera aproximación a Omaha las convertía en blancos perfectos. Desde los acantilados, la artillería alemana disparaba sin descanso; desde el mar, los cañones aliados respondían a ciegas, barriendo las posiciones enemigas sin poder distinguir si entre ellas se mezclaban ya sus propias tropas.

Muchas embarcaciones nunca alcanzaron la orilla. Algunas fueron reducidas a chatarra ardiente antes siquiera de abrir sus rampas. Otras se partieron contra los «erizos checos», esos diabólicos hierros sembrados en la arena para destrozar cascos, o contra minas ocultas bajo el agua. En cuestión de minutos, el mar se transformó en un cementerio: restos humeantes, cuerpos a la deriva, motores en llamas.

Desde el timón veía cómo más de una lancha hermana desaparecía en segundos. «Cada metro ganado era una apuesta contra la muerte» –recordaba después–.

El gran problema de aquellas lanchas aquel día fue la pleamar: la orilla quedaba demasiado lejos. En teoría, las LCI debían acercarse lo suficiente para que los soldados desembarcaran con el agua a la altura del muslo. No ocurrió así. Para evitar encallar en bancos de arena o chocar con los obstáculos sumergidos, soltaban la rampa en plena subida de la marea, con el agua al pecho o incluso al cuello.

Los hombres se arrojaban al agua con todo su equipo, a ciegas, sacudidos por las olas y el estruendo de la artillería. Muchos no sabían nadar y se hundían al instante. Otros tropezaban entre piedras, cuerpos y espuma ensangrentada. Algunos lograban arrastrarse a la arena, jadeando. Otros quedaban flotando boca arriba, con los ojos abiertos, fijos en una última visión que se perdería para siempre

En el punto más crítico del Día D, las LCI se sucedieron una tras otra en una danza suicida, atrapadas entre el fuego enemigo desde la costa y los disparos propios desde el mar. Aquella franja de agua, de apenas unos cientos de metros, se convirtió en uno de los espacios más letales de toda la operación.

Contaba, ya mayor, que lo que más le sorprendió no fue el horror, sino la entereza de la mayoría. La forma en que algunos, aun sabiendo que era casi imposible llegar con vida a la arena, saltaban igual. Algunos lloraban, otros reían nerviosamente, pero casi todos salían. A eso Luigi lo llamaba valor, sin más adornos.

Él no podía permitirse el pánico. No podía hacer milagros, pero tampoco se quedaba de brazos cruzados. A veces tenía que animar a los que se rezagaban, porque solo hacía falta una voz firme, una mano en el hombro, para romper el bloqueo. Louis animaba con lo que podía: palabras, miradas, gestos. Y en silencio, rezaba.

En medio de aquel infierno, también fue testigo de gestos que marcarían para siempre su memoria. Vio a hombres salvar a otros sin dudar, a soldados, médicos y enfermeros arrastrar a heridos con un brazo mientras el otro les sangraba. Vio miedo, pero también una humanidad que nunca había imaginado.

Cincuenta años después, en un paseo que dimos por la campiña de Moche, en Trujillo, tuve la ocasión de preguntarle sobre su experiencia en el Día D.

Después de un inusitado silencio me dijo:

—Fue un día de valor, sacrificio y entrega. Cayeron muchos jóvenes, y cada cuerpo que quedaba atrás nos recordaba lo alto del precio. Pero lo asumíamos convencidos de que era por algo mayor: no luchábamos por un país particular, sino por la libertad. Aquí, en Perú, también se libra una batalla. Sendero Luminoso es una amenaza. Defender la vida, la justicia, la paz y la libertad es una causa grande, y solo puede sostenerse con valor y generosidad, incluso –si llega la hora– ofreciendo la propia vida.

Ese mismo espíritu parece haberlo heredado Roberto. Su manera de vivir el ministerio –en los barrios de Trujillo, en los despachos de Roma o en las visitas discretas a comunidades olvidadas– tiene algo de esa sobriedad aprendida en casa. No es el heroísmo que se exhibe, sino el coraje cotidiano de sostener, de escuchar, de estar. Y hoy, como papa, sigue bebiendo de esa fuente: afrontar las tareas más arduas sin gestos altisonantes, con esa fe sencilla que se arropa en la comunidad y que no necesita más adorno que la confianza en Dios.

Dos meses después, Louis y la tripulación del *LST-286* participaron en la Operación Dragoon, el desembarco aliado en el sur de Francia. Zarpados de Bagnoli, Italia, desembarcaron entre Saint-Tropez y Cannes. A diferencia de Normandía, la resistencia fue escasa: divisiones alemanas de segunda línea, mal equipadas y desmoralizadas. En pocas semanas el sur y centro de Francia quedaron liberados, y los aliados pudieron avanzar hacia Alemania, debilitando aún más la capacidad de reacción nazi.

En los meses siguientes, Louis, a bordo del *USS LST-286* asumió nuevas responsabilidades clave: supervisaba las actividades de recreación, la distribución de suministros, la formación del personal y las comunicaciones de la tripulación. Su dominio del francés lo convirtió además en asistente y traductor de los oficiales en los puertos franceses, donde el contacto con autoridades locales, prisioneros, refugiados y civiles requería una mediación constante. La capacidad de colaborar con las autoridades locales, interpretar situaciones y traducir tanto órdenes como necesidades fue un elemento esencial para mantener la cohesión operativa. Louis navegaba ahora entre dos mundos: el de los marinos aliados y el de una Europa en ruinas que trataba de ponerse en pie.

El 27 de octubre de 1944, fue transferido al *USS LCI(L)-188*, un buque de infantería de desembarco de gran tamaño, especializado en transportar tropas directamente a la costa. A bordo de esta nave, su función adquirió un nuevo cariz. Era responsable de los registros de personal, de la moral y del bienestar de la tripulación. Una tarea administrativa, sí, pero también profundamente humana. Los marinos, muchos de ellos jóvenes y lejos de casa por primera vez, dependían del liderazgo cercano de oficiales como él para sostenerse psicológica y físicamente en medio del despliegue.

El 1 de marzo de 1945, Louis fue ascendido a teniente de grado subalterno (*lieutenant [junior grade]*) y nombrado oficial al mando del *USS LCI(L)-188*. Por primera vez, dirigía un buque entero, y con mucha historia. En palabras suyas:

> «Este LCI tenía mucha historia y podía presumir de ella, pues participó en cinco grandes y difíciles invasiones: Gela, Anzio, Salerno, Elba y el sur de Francia. Aún lleva marcas de combate, incluido un impacto en Anzio».

Mantuvo el mando de este buque hasta el final de la guerra. El 8 de abril de 1946 lo transfirieron al *USS LC(FF)-995*, con las mismas funciones. El 28 de julio de 1946, con veintiséis años cumplidos, fue transferido a la Reserva Inactiva de la Marina.

El 8 de mayo de 1945, los periódicos estadounidenses anunciaban la rendición de la Alemania nazi. Pocos meses después, Japón hacía lo propio y la Segunda Guerra Mundial llegaba a su fin.

La alegría del triunfo, sin embargo, escondía una inquietud: el retorno de millones de soldados. Estados Unidos temía repetir los errores de la posguerra anterior, cuando tantos veteranos quedaron sin apoyo. Gracias a la ley conocida como *GI Bill*, que ofrecía estudios y vivienda a los veteranos, pudo retornar la vida civil. Aquella ley transformó el país y abrió la puerta a una clase media más amplia.

Louis Prevost, como tantos jóvenes de su generación, aprovechó aquella oportunidad. Regresó a los estudios, se orientó hacia la educación y pronto comenzó a trabajar como maestro y director de colegio. La disciplina adquirida en la Marina y el recuerdo de la camaradería de guerra marcaron su estilo: dirigir significaba acompañar, sostener y formar.

La Segunda Guerra Mundial había terminado, pero el mundo seguía lejos de la calma. Las potencias buscaban reajustar sus zonas de influencia, nuevos conflictos regionales afloraban, y las operaciones navales estadounidenses se reorientaban hacia misiones diplomáticas, logísticas y de presencia internacional. En ese contexto de tensión y reordenamiento, Louis Prevost, como oficial de la Reserva Naval, volvió al mar justo al finalizar las clases en la escuela que dirigía. Su experiencia y rango le permitieron participar en una nueva etapa de operaciones, ya no marcadas por el combate abierto, sino por la complejidad de una posguerra llena de incertidumbres y desafíos internacionales.

Del 14 de junio al 7 de agosto de 1948, participó en un crucero anual de reserva a bordo del *USS Palau* (CVE-122), un portaaviones de escolta de la clase *Commencement Bay*, diseñado originalmente para apoyo aéreo y transporte de aeronaves. A diferencia de los años de guerra, esta misión tenía un enfoque mixto: militar, diplomático y propagandístico.

El principal objetivo del crucero era entregar aviones estadounidenses al gobierno de Turquía, en el marco de la cooperación estratégica entre ambos países. El destino era el aeródromo de Yeşilköy, cerca de Estambul, una base aérea clave en el Mediterráneo oriental.

El 8 de julio, la misión dio un giro inesperado. En plena segunda fase de la guerra árabe-israelí, el *Palau* fue desviado a Haifa, en el entonces recién creado Estado de Israel. Su tarea: evacuar a miembros de la delegación de las Naciones Unidas y a funcionarios internacionales, ante el recrudecimiento del conflicto armado. La situación en la ciudad portuaria era tensa e inestable. La presencia del portaaviones sirvió como disuasión, protección y vía de salida segura.

Después de completar la evacuación, el buque navegó hacia la isla de Rodas, donde permaneció desde el 9 hasta el 24 de julio, mientras se negociaba una tregua entre las partes enfrentadas. Louis, como parte del contingente de oficiales de reserva, asistía a las tareas de apoyo, traducción y enlace.

Tras la firma de la tregua en la guerra árabe-israelí, el *USS Palau* volvió a Haifa brevemente antes de iniciar el viaje de retorno. El 7 de agosto, atracó de nuevo en Norfolk, Virginia, dando por finalizado un crucero que, bajo la apariencia de entrenamiento naval, había combinado misión estratégica, intervención humanitaria y diplomacia informal.

Aquella experiencia, tan distinta del combate vivido en Europa, reforzó una convicción que ya venía madurando desde tiempo atrás: su lugar, una vez en tierra firme, estaría en el ámbito educativo. Durante años había dirigido tripulaciones, formado marinos, organizado actividades de instrucción, enseñado idiomas y coordinado equipos. Sabía lo que significaba liderar, acompañar y formar personas en contextos difíciles. Lo había hecho en Normandía, en

Francia, en Palestina y en alta mar. Ahora quería aplicar esa experiencia a las aulas.

De regreso a tierra, volvió a su puesto en la escuela pública y prosiguió los estudios de posgrado en horario vespertino. Su formación en ciencias políticas, la experiencia en colegios comunitarios y su capacidad pedagógica le abrieron de inmediato camino en el ámbito educativo. En pocos meses completó los requisitos para obtener la acreditación oficial que lo habilitaba para funciones de supervisión y dirección en escuelas públicas.

Su tesis ya anticipaba la línea central de su vocación: *Educación para la vida familiar en las universidades*. Empezó a forjarse una comprensión distinta de la educación, entendida como un proyecto que debía ir más allá del aula, buscando conectar de forma real la institución escolar con el entorno familiar de los alumnos. Esa mirada marcaría para siempre su actitud profesional: la convicción de que solo uniendo escuela y familia era posible acompañar de verdad a los jóvenes.

Cierta tarde, después de ganar varios partidos de fulbito en el barrio, se me acercó y me dijo:

—He visto que os habéis enfrentado a equipos de mejor calidad técnica, pero los habéis vencido. ¿Sabes por qué?

—¿Porque somos equipo? —le respondí—.

—Exacto. Un grupo que trabaja en equipo, coordinado, apoyándose mutuamente, es más eficiente que un grupo donde sus integrantes no se entienden y se recriminan constantemente.

Lo decía con la autoridad de quien había visto a soldados sobrevivir en Normandía no por la fuerza individual, sino por la solidaridad instintiva que los mantenía en pie.

Ese aprendizaje de guerra lo trasladó a la vida civil y a la escuela, convencido de que la cooperación y la confianza valen más que el brillo aislado.

Roberto heredó de su padre esa certeza. No fue nunca un hombre de gestos solitarios: en el Perú, en Roma, en Chicago, siempre buscó caminar con otros, escuchar, compartir. Como agustino, encontró en la amistad y la comunidad no un complemento, sino la médula de su vocación. San Agustín lo había expresado siglos antes: «un solo corazón y una sola alma dirigidos hacia Dios». Luigi lo había vivido a su manera, primero entre trincheras y mares, luego en aulas y patios escolares. Y Roberto lo encarnó como fraile, presbítero misionero, obispo, cardenal y hoy como papa: está convencido de que la Iglesia no se sostiene en talentos aislados, sino en la comunión en Cristo que multiplica fuerzas.

Quizá por eso aquella escena sencilla de fulbito en el barrio no era un simple comentario deportivo. Era una metáfora de lo que se necesita para vencer los obstáculos: la vida se gana en equipo, y solo juntos se puede resistir y avanzar.

–Armando, tener un amigo es tener un regalo. Se cuida con cercanía, paciencia y lealtad, pero sobre todo siendo también amigo de verdad. Tú y Roberto lo sois: conserva esa amistad.

14

JOSEPH NERVAL Y LOUISE

He nacido en Estados unidos, en Chicago, mis dos padres nacieron en Chicago, pero todos mis abuelos eran inmigrantes.

Cardenal Robert Prevost

La noticia de un papa estadounidense desató la curiosidad en los genealogistas: ¿de dónde venía? Muy pronto, los rastros familiares de León XIV llevaron a Luisiana y a una palabra cargada de historia: criollo.

En la Luisiana colonial, criollo significaba nacer en América de padres europeos. Pero el término se amplió: afrodescendientes libres, mestizos, emigrados de Haití y Cuba. En Nueva Orleans, a mediados del siglo XIX, las *gens de couleur* libres encarnaban esa condición. Eran católicos, francófonos, con escuelas, periódicos y gremios propios. Vivían en un punto intermedio: ni blancos ni negros. Esa ambigüedad les dio fuerza... hasta que la historia la convirtió en condena.

Tras la Guerra Civil, el sur endureció las líneas raciales: o blanco, o negro. El golpe final llegó en 1896, cuando Homer Plessy –criollo de piel clara– desafió la ley. La Corte

Suprema respondió con su célebre veredicto: «separados pero iguales». Desde entonces, una sola gota de ascendencia africana bastaba para arruinar siglos de identidad criolla. Lo que había sido un espacio híbrido quedó reducido a marginación o desaparición.

El impacto no fue solo administrativo. Fue existencial. Para muchas familias, significó la pérdida total del estatus, del nombre social, de la trayectoria construida durante generaciones. Las escuelas criollas fueron cerradas. Sus periódicos silenciados. Las asociaciones, disueltas o absorbidas.

Algunas familias resistieron con lengua, música y liturgia. Otras optaron por el silencio o la invisibilidad. Muchas se fueron. Entre ellas, la de Joseph Nerval Martinez y Louise Baquié, que sin cruzar fronteras internacionales dejaron atrás un mundo entero.

Joseph Nerval Martinez nació en 1864 en la isla de La Española, aunque los registros históricos no coinciden sobre el lugar exacto: algunos apuntan a Puerto Príncipe, Haití; otros, a Santo Domingo, en la actual República Dominicana. Su nacimiento tuvo lugar en un momento de profunda inestabilidad regional, en los últimos meses del breve periodo en que Santo Domingo volvió a estar bajo dominio español (1861-1865). Lo que sí aparece con claridad es el perfil de sus padres: Jacques Martinez y Marie Rosa Ramos, identificados en distintos documentos como «mulatos» procedentes de Nueva Orleans.

Louise Baquié pertenecía a otra familia criolla de Nueva Orleans, atrapada en la ambigüedad racial de los censos: unas veces «blancos», otras «gente de color». Su padre, zapatero; su madre, cuarterona[1]. Esa frontera móvil lo decidía todo: no la sangre, sino la mirada del funcionario.

El 17 de septiembre de 1887, Joseph y Louise Baquié se casaron en Our Lady of the Sacred Heart, una parroquia del séptimo distrito de Nueva Orleans. Era un templo modesto, pero con una comunidad viva, formada por fieles afroamericanos y criollos.

Según el censo de 1900, Joseph y Louise vivían con sus hijas mayores, Irma y Marguerite, en una casa en propiedad situada en el 1933 de North Prieur Street, en pleno barrio criollo. En ese momento, toda la familia estaba inscrita como «negra», una clasificación que, en el marco jurídico de la época, los sometía automáticamente a las leyes de segregación racial vigentes en Luisiana. La fe, la lengua, la educación o la antigüedad de sus raíces en la ciudad no modificaban ese estatus.

En ese mismo censo, Joseph figuraba como *cigar maker*, es decir, tabaquero o torcedor de cigarros, uno de los oficios manuales más característicos de los entornos criollos urbanos de fin de siglo. Los mejores torcedores se distinguían por la calidad de sus cigarros y, a menudo, podían asegurarse cierta estabilidad económica dentro de un contexto social marcado por la incertidumbre laboral y la discriminación.

A comienzos del siglo XX, la industria tabaquera de Nueva Orleans atravesaba una etapa de consolidación. Aunque no alcanzaba los niveles productivos de Tampa o La Habana, la ciudad había construido un ecosistema propio de manufactura, comercio y distribución de cigarros,

---

[1] El término «cuarterona» designaba a una persona con un cuarto de ascendencia africana y tres cuartos de ascendencia europea, dentro del sistema racial heredado de la época colonial francesa y española.

con un perfil urbano y artesanal. A diferencia de otras ramas industriales, el trabajo en el tabaco no exigía maquinaria pesada ni grandes inversiones iniciales. Bastaba un local amplio, mesas de trabajo, humedad controlada, hojas bien curadas y manos expertas.

El cigarro tenía demanda en todos los estratos sociales: desde los obreros que lo fumaban en los descansos de fábrica hasta los empresarios que lo ofrecían como cortesía en sus despachos, pasando por la pequeña burguesía criolla que lo integraba como símbolo de gusto y distinción. Pero especialmente, en la Nueva Orleans de finales del siglo XIX, el tabaco era una industria vertebradora, que conectaba plantaciones, talleres, comercio minorista y exportación marítima.

Los registros de la época sitúan a Joseph en la S. Hernsheim Brothers & Co., una de las mayores tabaqueras del sur de Estados Unidos. Allí, como tantos criollos, sostenía con sus manos una industria que aún tenía rostro artesanal, antes de que la American Tobacco Company arrasara los talleres locales y convirtiera el oficio en un engranaje anónimo de su monopolio.

Joseph trabajó allí, al menos, hasta que la empresa fue absorbida por la American Tobacco Company, el gran conglomerado formado en 1890 por James Buchanan Duke, que en pocos años controló más del 80 % del mercado nacional. La compra de Hernsheim Brothers fue parte de una estrategia de consolidación que transformó profundamente la industria: los pequeños talleres fueron desplazados, las marcas locales absorbidas, y la producción comenzó a concentrarse en unos pocos centros mecanizados, con mayores márgenes y menor necesidad de mano de obra cualificada.

En 1910, Joseph dejó de aparecer como *cigar maker* en los censos y figuró como *clerk*, una categoría que reflejaba un estatus laboral distinto. No era aún clase media profesional, pero se acercaba a ella. El *clerk* –especialmente en aquella industria– desempeñaba funciones administrativas: registro de pedidos, control de inventario, gestión de correspondencia, atención a clientes, supervisión de pagos y coordinación interna. No era un trabajo físico, pero sí requería orden, iniciativa y una cierta comprensión de la lógica empresarial. No destacaba especialmente por su salario, pero ofrecía estabilidad, regularidad horaria, cierta autonomía y una imagen más cercana a las clases respetables del comercio urbano.

En una ciudad donde las líneas raciales se endurecían, donde las categorías legales restringían la movilidad de quienes eran registrados como «de color», ese cambio laboral ofrecía también una vía para reconfigurar la identidad familiar.

En este contexto, la familia de Joseph creció. Al matrimonio se sumaron cuatro hijas más: Lydia, Louise, Hilda y Ethel. Y en ese hogar, el francés era la lengua materna de todos los miembros, algo habitual entre las familias criollas del séptimo distrito de Nueva Orleans a comienzos del siglo XX. En esa época, la ciudad vivía un proceso de americanización acelerada, promovido por las políticas públicas, el sistema escolar y la expansión de las redes comerciales anglófonas. Sin embargo, entre los criollos, el francés persistía como lengua de cohesión comunitaria. Se hablaba en casa, en las parroquias, en los comercios del barrio y en los actos sociales. Este bilingüismo funcional era un reflejo más de la estructura social híbrida de Nueva Orleans. La vida familiar, la fe católica y las relaciones vecinales se desarrollaban en francés.

El inglés se reservaba para las gestiones administrativas, la escuela pública y el trato con las autoridades.

La familia Martinez se mudó al 510 de St. Peter Street, en el Upper Pontalba, uno de los conjuntos residenciales más antiguos del país. Levantado entre 1849 y 1851 por Micaela Almonester, baronesa de Pontalba, era un raro experimento urbano: ladrillo rojizo, balcones de hierro forjado, galerías altas que conservaban la huella de la arquitectura colonial criolla.

El edificio reunía una mezcla intensa de clases y acentos: comerciantes acomodados, músicos, artesanos, viudas criollas, inmigrantes italianos, profesores, funcionarios. Desde los balcones se dominaba Jackson Square: la catedral de St. Louis, el Cabildo, los jardines, los músicos callejeros, los puestos de frutas, los carros de mulas.

Nueva Orleans aún respiraba en dos lenguas, celebraba en dos calendarios y rezaba en dos tonos. Pero bajo esa vitalidad empezaba a latir una transformación acelerada.

Ese cambio de residencia, desde el séptimo distrito –núcleo tradicional de la comunidad criolla– hasta el barrio francés, indicaba una decisión estratégica. Supuso no solo una mejora en la ubicación, sino un desplazamiento simbólico: dejar atrás el territorio donde las jerarquías raciales eran conocidas y heredadas, para instalarse en un espacio más ambiguo, más mezclado, más difícil de clasificar. El barrio francés no estaba exento de prejuicios, pero ofrecía una mayor porosidad.

En esa etapa, Joseph y Louise ya aparecían registrados como «blancos» en la documentación censal. Así aparecen en el censo de 1910. Pero hay un detalle aún más revelador. En ese mismo registro, los padres de Joseph anteriormente considerados mulatos ya no figuran como criollos naturales de Luisiana, sino con orígenes «más seguros» a ojos del sistema. Él aparece como «maltés». Ella, como «española». Ninguno de los dos había nacido en esos lugares, aunque sus linajes, como los de tantos criollos, sí arrastraban conexiones lejanas.

Esta experiencia familiar se inscribe en el fenómeno conocido como *passing*: el proceso por el cual personas de ascendencia mestiza –con rasgos y piel suficientemente claros– se identificaban legal y socialmente como blancas. En la Nueva Orleans de comienzos del siglo XX, marcada por la segregación legal y el endurecimiento de los códigos raciales, el acceso a la educación, la propiedad, el empleo y la protección jurídica dependía de esa clasificación. Ser registrado como «blanco» no solo ampliaba los derechos formales: cambiaba por completo la forma en que una familia podía proyectar su futuro.

Justo un año después, Joseph, Louise y las niñas se mudan a Chicago. El por qué no lo sabemos, aunque probablemente la presión segregacionista y la necesidad de encontrar oportunidades de futuro fueron determinantes. La familia Martinez formó parte de esa primera oleada de desplazamiento interno de población afrodescendiente y criolla desde el sur hacia las ciudades industriales del norte. Chicago era uno de los destinos principales. No abandonaron el país. Abandonaron Luisiana. Dejaron Nueva Orleans, sus calles familiares, sus parroquias, su idioma cotidiano.

En Chicago, se instalaron en el número 223 de West Superior Street, en el barrio de River North. A comienzos del siglo XX, esa zona era todavía un enclave industrial, dominado por fábricas, talleres, almacenes y viviendas obreras. El humo de las chimeneas comenzaba a ensuciar el aire desde primeras horas del día. Por eso el barrio era conocido entre sus propios habitantes como Smokey Hollow (algo así como «hondonada humeante»). El entorno era duro, pero ofrecía empleo, transporte y una cierta mezcla de acentos, lenguas y costumbres que permitía disolverse sin levantar sospechas.

Allí, en una ciudad completamente nueva, nació Mildred Agnes el 30 de diciembre de 1911. Nadie imaginaba entonces que esa niña, la menor de la familia, acabaría siendo la madre del primer papa norteamericano.

15

MILDRED

«No callaré lo que mi alma me sugiera
de aquella tu sierva que me parió en la
carne para que naciera a la luz temporal
y en su corazón a la eterna. No referiré yo
sus dones, sino los tuyos en ella».

San Agustín, *Confesiones*, IX, 8, 17.

Mildred nació en Chicago, pero en su casa seguía latiendo la memoria religiosa del séptimo distrito de Nueva Orleans. Se manifestaba en el crucifijo del comedor, en el rosario colgado de los cabeceros, en las oraciones murmuradas antes de dormir. También en la música, que impregnaba la vida cotidiana con cantos aprendidos en la parroquia y repetidos entre fogones. La madre sostenía ese ritmo, y Mildred lo absorbió sin darse cuenta, destinada a repetirlo en su propia familia.

Los domingos eran muy importantes. Se sacaba lo mejor del armario, aunque lo mejor fuera apenas una chaqueta que aún olía a humedad. Los niños estrenaban zapatos, o los heredaban. Aprendían las respuestas en latín sin entenderlas del todo, hacían la genuflexión delante del altar, seguían los gestos del presbítero...

Toda esa religión vivida venía de lejos y acompañó a la familia en el norte. La fe fue refugio en los momentos de pérdida, como la muerte de Ethel el 27 de noviembre de 1911, apenas recién llegados a Chicago. Solo unas semanas después, nacía Mildred. La última niña.

Quizá no haya prueba más clara del peso de la fe en aquella familia que el hecho de que dos de las hijas, Louise e Hilda, acabaran siendo monjas.

Louise Eugenie, nacida en 1903 en Nueva Orleans, fue la primera en dar el paso. Ingresó con diecinueve años en la congregación de las Hermanas de la Misericordia. Para entonces ya había terminado sus estudios en la St. Xavier Academy de Chicago, hoy conocida como Mother McAuley Liberal Arts High School. Años después volvería allí, como profesora. Estudió francés en la Universidad St. Xavier y se formó también en teología en el Dominican College of St. Thomas Aquinas. Pasó más de tres décadas enseñando en colegios católicos de la archidiócesis de Chicago.

Hilda Anne nació en 1906. También en Nueva Orleans. Desde pequeña mostró facilidad para la música. Tenía oído. Tenía voz. Ingresó en la congregación de las Hermanas de la Caridad de la Beata Virgen María, con sede en Dubuque, Iowa. Una congregación aún joven, con menos de un siglo de historia, dedicada sobre todo a la educación y al servicio social. Hilda profesó en 1928, con veintiún años. Dio clases en Clinton (Iowa), Tigard (Oregón) y pasó un año en la escuela St. Gilbert en Grayslake, Illinois... Dondequiera que iba, formaba coros, afinaba voces, preparaba los cantos de la misa. Murió en 1945, en Dubuque. Solo tenía treinta y ocho años.

La infancia de Mildred transcurrió en una familia muy católica, acostumbrada al trabajo y, desde pronto, a los cambios de domicilio. En el censo de 1920, la familia aparece viviendo en otro número de la misma calle: el 63 de West Superior Street, en Chicago. Allí queda registrado que ni Joseph ni Louise, los padres, tenían empleo en ese momento. Probablemente Joseph ya estuviera enfermo. En cambio, las hijas mayores, Irma y Margaret, trabajaban como administrativas. Las demás –Lydia, Louise, Hilda y Mildred– seguían estudiando. Fueron las hermanas mayores quienes, con su sueldo, sostuvieron el equilibrio doméstico.

Seis años después, el 31 de julio de 1926, Joseph N. Martinez moría. Tenía 62 años. Mildred tenía catorce. Pero en aquella casa ya estaban entrenados para sostenerse unos a otros.

En los años veinte, Mildred comenzó sus estudios en el Immaculata High School, un colegio católico femenino recién fundado por las Hermanas de la Caridad de la Bienaventurada Virgen María, la misma congregación en la que profesó su hermana Hilda y a la que las chicas de la familia Martinez quedaron muy vinculadas. El colegio no quedaba lejos, en el número 600 de West Irving Park Road, un barrio del North Side de Chicago, cercano al lago Míchigan.

La educación en el Immaculata no era cualquier cosa. Religión, latín, matemáticas, historia, francés, ciencias, y además cursos prácticos para quien tuviera que empezar a trabajar pronto. El plan era formar mujeres preparadas para moverse por la ciudad y el mundo, no solo para quedarse en casa. El departamento de Ciencias Sociales insistía en los valores cristianos, la ética, el sentido de comunidad y la historia real de la Iglesia. Querían que supieran dónde estaban y de dónde venían.

Las monjas sabían lo que hacían. No solo enseñaban, acompañaban. Sabían animar a las alumnas a pensar por sí mismas, a organizarse, a ayudar a otros. Y así formaron una red de apoyo entre familias católicas que buscaban lo mejor para sus hijas en una ciudad llena de retos y riesgos.

En 1930, la familia vivía en el 881 de Rush Street. La zona, el Near North Side, había cambiado mucho en casi veinte años. Donde antes había casas de clase media, ahora predominaban los edificios de apartamentos, muchos divididos para acoger a varias familias o grupos que compartían gastos. La calle combinaba residencias, pequeños comercios y líneas de tranvía, así que siempre había movimiento. El vecindario era una mezcla: empleados de oficina, operarias de fábricas textiles o de alimentación, gente mayor y estudiantes recién llegados a la ciudad. Compartir piso era habitual, tanto por necesidad como por costumbre.

Aunque la zona aún no se conocía por el ocio nocturno –eso vendría después–, su proximidad al centro y a Michigan Avenue hacía que el barrio estuviera muy bien comunicado y siempre transitado.

La instantánea que ofrece el censo de 1930 sobre la familia Martinez es la de una casa donde se mezclan generaciones y responsabilidades. Louise, viuda a los 62 años, tuvo que integrarse al mundo laboral. Encontró trabajo en una fábrica de frutos secos y caramelos, como *tester*: su tarea consistía en probar y evaluar la calidad de los productos. Un empleo sencillo, pero esencial y bastante seguro para la época. Mientras tanto, compartía techo con su hija Mildred, que con 18 años acababa de graduarse en el Immaculata High School, y también con su otra hija Lydia, su yerno John F. Plum y su nieto, John Jr., de apenas cuatro años y medio. Las otras hijas ya no estaban en casa: unas se habían casado y otras ya habían entrado a la vida religiosa. Así era la vida en Chicago en los años treinta: sumar esfuerzos, ajustar gastos y tirar juntos para adelante en tiempos que no ofrecían ninguna comodidad. La historia de la familia Martinez, como la de tantas otras, era la de quienes sabían adaptarse, aceptar lo que tocaba y buscar, sin dramas, la manera de salir adelante cada día.

A partir de 1938, Louise pidió la jubilación y el seguro social. En ese momento, Mildred, ya con 27 años, empezó a trabajar en una biblioteca pública, según refleja el censo de 1940. Lo más probable es que comenzara en tareas administrativas. Así arrancó su carrera profesional vinculada a los libros, que definiría buena parte de su vida. Ganaba 900 dólares al año. En ese tiempo, la familia vivía en el número 12 de East Cedar Street, un edificio que podría ser de los típicos en la zona, de apariencia clásica, con ladrillo rojos, detalles georgianos, en una calle arbolada y tranquila de la Gold Coast. Aceras anchas, farolas, ambiente cuidado. Lydia también vivía en el mismo bloque, ya divorciada y trabajando como secretaria en una empresa de zapatos, sacando adelante a sus cuatro hijos. Para ayudar con los gastos, alquiló una habitación a una pareja, como era costumbre en muchos pisos de la zona.

El barrio mostraba la nueva cara de Chicago: una comunidad variada donde convivían abogados, camareros de hotel, mayordomos, periodistas, secretarias, técnicos de obra y ascensoristas. Gente de todo tipo, muchos llegados de otros estados o de Europa –alemanes, escoceses, polacos– buscando un futuro en una ciudad que empezaba a crecer de nuevo. Era un entorno práctico, en plena expansión, con vecinos que compartían las ganas de salir adelante en una época de cambios.

Durante aquellos años, Mildred no solo se volcó en el trabajo. Cultivó también su amor por la música, una pasión que la acompañó toda la vida. Tenía voz de contralto, profunda y poderosa. No era solo una aficionada: organizó y participó como solista en diversos conciertos de música sacra.

En 1941 se presentó como concursante en el Chicagoland Music Festival, organizado por *The Chicago Tribune Charities*, que reunió a más de cien mil personas el 16 de agosto en el Soldier Field. Su repertorio giraba siempre en torno a la música religiosa. Grabó incluso una versión del *Ave Maria*, una pieza que no resulta sencilla ni siquiera para voces profesionales. Para Mildred, el *Ave Maria* se convirtió en su sello personal. Además, sabía tocar muy bien el piano y acompañaba con frecuencia en celebraciones y encuentros parroquiales.

Muchos años después, el órgano eléctrico de Mildred acabó en la capilla de la casa de formación de los agustinos que Robert, su hijo, fundó en Trujillo, Perú. Allí, a miles de kilómetros de donde ella vivió, siguió sonando algo de su fe. Porque en ese órgano había más que teclas: había canciones aprendidas, domingos en familia, una forma de rezar cantando. San Agustín lo decía con claridad: «Quien canta, reza dos veces». Mildred lo entendió. Y su música siguió rezando en boca de otros.

En 1943, Mildred se matriculó en la Facultad de Artes Liberales y Ciencias Sociales de la Universidad DePaul para estudiar Biblioteconomía. Para mujeres como Mildred, DePaul representaba la posibilidad de seguir avanzando, ganar autonomía y abrirse un futuro propio en una ciudad que ofrecía oportunidades, pero también barreras, especialmente a quienes provenían de entornos modestos.

Entre tanto, el 17 de noviembre de 1945, apenas unos meses después del final de la Segunda Guerra Mundial, falleció su madre. Louise había sido el pilar silencioso, la que supo sacar adelante a la familia en tiempos duros y enseñar a sus hijas a buscar su propio camino.

En 1947, Mildred obtuvo su licenciatura en Biblioteconomía y, dos años más tarde, en 1949, el posgrado en Educación. Para entonces, ya conocía al que sería su esposo, Louis Marius Prevost: futuro padre de tres hijos, y uno de ellos, futuro papa.

16

LOUIS Y MILDRED

Cuando uno es joven, es natural pensar: «Tal vez sea mejor una vida normal, una familia, hijos». Mi padre me hablaba con gran humanidad. No era teólogo, pero compartía su experiencia, también la que vivió con mi madre, hablando de intimidad, amor, respeto. Esas palabras me han acompañado siempre.

Cardenal Robert Prevost

Louis y Mildred se conocieron en la Universidad DePaul en 1948, mientras cursaban un posgrado en educación. Desde el inicio hubo sintonía, pese a la diferencia de edad: ella era mayor, más resuelta, y él lo reconocía sin reparo. Louis la admiraba por su inteligencia, su arte y su fe. Aquella mezcla le resultaba irresistible.

El primer encuentro con la familia de Mildred estuvo a punto de acabar en desastre. Ella lo invitó a casa, gesto que en aquel entorno equivalía a una declaración seria. Louis llegó nervioso, con un dolor de cabeza, y aceptó una pastilla. Minutos después se desplomó desmayado. Una de las hermanas, entre risas y escepticismo, sentenció: «Este chico ya no vuelve por aquí». Pero volvió. Y poco después, el 25 de enero de 1949, se casaron en la Holy Name Cathedral.

Se instalaron en Dolton, en el 212 de East 141st Place. Un suburbio al sur de Chicago que se expandía con rapidez: calles recién abiertas, casas unifamiliares en pequeñas parcelas con garajes estrechos. La *GI Bill* facilitaba hipotecas baratas que permitían a miles de excombatientes levantar un hogar. El barrio estaba lleno de matrimonios jóvenes con hijos pequeños, ansiosos de empezar de nuevo.

Pronto, los Prevost hicieron amistad con los Duesing, que vivían en el 216. Louis y Raymond, veterano del Pacífico y ahora delineante eléctrico, forjaron un vínculo leal que se convirtió en sostén para ambas familias. Juntos criaron a sus hijos –Louis Martin, John Joseph y Robert Francis[1] por un lado; Raymond Jr. y Sharon[2] por el otro– compartiendo valores y aspiraciones, aunque pertenecieran a confesiones distintas.

En 1950, Louis asumió la superintendencia del distrito escolar 169 en Chicago Heights. Era un cargo modesto, pero con peso real. Su experiencia militar le había enseñado que disciplina, confianza y acceso a la educación podían transformar vidas. Creía en segundas oportunidades y buscaba que los jóvenes con trayectorias difíciles encontraran en la escuela un punto de apoyo.

---

[1] Cierto día Luigi me comentó que su hijo mayor, Louis Martin, lleva su nombre y el de san Martín de Porres, santo peruano. John Joseph, lleva el nombre de su hermano y de san José. Robert Prevost, lleva el nombre de un presbítero muy amigo de la familia: el padre Robert S. Brodführer y de san Francisco de Asís.

[2] John, Sharon y Robert son como hermanos.

El eje de la vida familiar estaba en la parroquia de St. Mary of the Assumption, a veinte minutos a pie de casa. Allí se entrelazaban la misa diaria, la escuela, el convento y las actividades comunitarias. Para los Prevost, como para tantas familias católicas, la parroquia era más que un templo: era la estructura que daba sentido al día a día.

La Sociedad del Altar y el Rosario reunía a mujeres de todas las edades: jóvenes recién casadas, madres, abuelas y viudas. Se encargaban de la mantelería y los ornamentos del altar, de los candelabros, de la limpieza de la iglesia, la decoración floral en las fiestas... Pero su tarea iba más allá del culto: sostenían la red social y solidaria del barrio. Era también un ámbito espiritual, que impulsaba la oración comunitaria, la devoción mariana –con la tradición de la Virgen peregrina de Fátima– y la formación religiosa de las mujeres. Promovía el rezo del rosario en familia y la asistencia a las misas matutinas. Para muchas, era sobre todo un lugar de pertenencia y amistad, una segunda familia donde compartir preocupaciones, alegrías y duelos.

La dulce «Millie», como era conocida en Dolton, llegó a ser presidenta de la Sociedad del Altar y el Rosario en la parroquia entre 1962 y 1963. Su presencia resultaba tan natural que nadie se preguntaba cómo llegaba todo a tiempo ni quién estaba detrás.

Con su pasión por la música, cantaba en el coro de la iglesia y, gracias a su carácter abierto y su capacidad de arrastrar a los demás, animaba a muchas otras mujeres a participar con ella. Era, además, una gran cocinera, y muy pronto muchas de sus recetas escritas a mano circulaban de casa en casa. Como la «St. Mary Sloppy Joe», un plato clásico: carne picada guisada con kétchup, condimentos y, casi siempre, cebolla, servida caliente sobre panecillos.

Pero de lo que más orgullosa estaba Mildred era de su labor como voluntaria formando y gestionando la biblioteca de la escuela. Compatibilizó ese compromiso con sus empleos como bibliotecaria: primero en la catedral de Chicago, después en la Von Steuben High School, en la zona norte de la ciudad, y a partir de 1969 y hasta 1975 en el Mendel High School, de los agustinos.

A pesar de la carga de trabajo, nunca dejó de dedicar tiempo y energía a la biblioteca de la parroquia. Desde poco después de instalarse en Dolton hasta el cierre del colegio en 1988, se encargó de organizar, catalogar y cuidar los libros, renovar el fondo bibliográfico, orientar a los alumnos en sus lecturas y mantener la biblioteca como un espacio vivo y accesible para todos.

La escuela parroquial de St. Mary´s Assumption funcionaba desde 1887, atendida durante los primeros años por las Siervas Pobres de Jesucristo y luego, por las Hermanas de la Caridad Cristiana. Allí acudían cada día los hermanos Prevost con sus uniformes de color azul marino y blanco. A Robert o Bob –como le conocían allí– le fue bien desde el principio. Sacaba buenas notas y tenía fama de ser un chico extremadamente inteligente y aplicado.

Entró en la escuela antes de que el Concilio Vaticano II cambiara las normas y los ritos de la Iglesia. Eso significaba misa diaria tridentina, celebrada en latín, con el altar de espaldas y un ritmo marcado por las oraciones y respuestas memorizadas. Robert nunca se quejó. Se sentía muy a gusto en aquellos momentos, y los vivía con una entrega que no era común entre los críos de su edad.

Pero por lo demás, era un niño muy querido en clase, en la calle y en casa. Era amable, humilde y algo bromista con sus compañeros, un chico que podía estudiar el catecismo y participar en un partido de béisbol o en una partida de Monopoly o Risk con los amigos o sus hermanos en casa.

Desde temprano, los tres hermanos Prevost sirvieron como monaguillos en las celebraciones diarias y, sobre todo, en la misa dominical. En casa repetían el ritual a su manera: en el jardín o en la sala, con la tabla de planchar convertida en altar. A veces se sumaban todos; otras se aburrían y se iban, Bob, casi siempre en el papel de presbítero, seguía adelante con su misa.

Ese amor por lo sacerdotal empezó a forjarse en casa. Por allí pasaban a menudo varios sacerdotes, entre ellos el padre Robert S. Brodführer (padre Brody), amigo de Louis, que trabajaba en la escuela parroquial de Santa Margarita, una de las eternas rivales de la escuela de Louis en las competiciones deportivas. Los presbíteros aceptaban encantados la invitación a las comidas copiosas de Mildred: *goulash*, pollo Lo Mein, pizza casera o rosbif. Aquellas mesas se convertían en espacios de conversación y cercanía, donde la vida sacerdotal se presentaba de forma natural, cotidiana, accesible.

Robert, más callado que sus hermanos, buscaba sentarse cerca, atento a cada palabra. Le fascinaban sus movimientos, la forma en que agradecían la comida, la naturalidad con que bendecían la mesa o relataban algún episodio de la misa. Aprovechaba cualquier excusa para acercarse, hacer una pregunta, escuchar de cerca los detalles de lo que sucedía detrás del altar. Se fijaba en los gestos: la señal de la cruz, la manera en que hablaban de la eucaristía, la precisión de las palabras justas en el momento oportuno. A veces, Robert se imaginaba en su lugar. Le atraía la normalidad de esa vida. Así, poco a poco, fue descubriendo que había aprendido a querer lo que tantas veces había visto en casa: una fe concreta, encarnada en los gestos pequeños y en la palabra justa. Sin que nadie se lo señalara, esa forma de vivir se le fue quedando dentro.

En la casa de los Prevost, la vocación de Robert nunca se vivió como una rareza, sino como un auténtico regalo. Su padre y su madre, profundamente devotos, la apoyaron desde el primer momento. Había que cuidarla, acompañarla, darle espacio para crecer. Formaba parte natural de la vida familiar, como una posibilidad real y valiosa que merecía todo el respaldo.

Lejos de desalentarla, el profesorado de St. Mary's también la abonó. Las hermanas Mara, Rosalie o la hermana Stella, al ver su interés, lo animaban a conocer vidas de santos y le dejaban dirigir las oraciones de clase. A veces, los sacerdotes o las religiosas preguntaban si alguno sentía vocación. La mayoría callaba y miraba a Bob, sabiendo lo que él sentía.

17

AMIGOS PARA SIEMPRE

29 de julio de 2025

El calendario litúrgico marcaba la memoria de Marta, María y Lázaro, amigos de Jesús.

El Evangelio nos devolvía a Betania: Marta atareada, sirviendo sin descanso; María, sentada a los pies del Maestro, escuchando en silencio.

Dos gestos distintos. Una misma amistad.

Ese día lo celebrábamos en una capilla pequeña, desnuda de adornos.

Apenas dos asistentes.

Y, sin embargo, oraba la Iglesia entera.

El contraste me sobrecogía: la sencillez mínima de la escena y, al mismo tiempo, la hondura universal del acto.

Había visto a Roberto en muchas circunstancias, pero todavía me cuesta acostumbrarme a esta.

Su ministerio me impone: pastor de la Iglesia universal y, al mismo tiempo, el amigo de siempre.

Di gracias a Dios.

Por él, por la Iglesia, por la Orden de los agustinos, por la misión que nos ha confiado, y por el gran regalo de la amistad.

Y oré: que no dejara nunca de ser el amigo cercano, el que muestra al mundo el Amigo que nunca falla: Jesús.

El día de su elección como papa y los dos meses posteriores he visto, leído y escuchado semblanzas sobre él: comentarios autorizados y sugerentes de lo que es y de lo que podría llegar a ser en su ministerio. Miles de fotos, con muchas personas, de todas partes del mundo; la mayoría, gente sencilla que lo recuerda con amor, con agradecimiento, por lo que fue, es y será.

Jesús es su gran amigo desde que era niño, cuando improvisaba altares con la tabla de planchar en el jardín de su casa y jugaba a ser sacerdote.

Ese niño –hoy sucesor de Pedro– sigue escuchando la misma voz que lo llamó entonces. Y responde con generosidad y gratitud la llamada: celebra, todos los días, la eucaristía y ofrece su vida cumpliendo la misión que Cristo le encomendó: «Apacienta mis ovejas».

Los recuerdos se agolpan.

Desfilan por mi mente nombres entrañables.

Sus padres, Louis y Mildred, que con humanidad y fe lo sostuvieron siempre.

Su padre, veterano que aprendió en Normandía el valor callado de ponerse en pie por los demás; su madre, contralto que canta el *Ave Maria*, bibliotecaria y animadora de parroquia que convirtió la casa en coro y la mesa en catequesis. Huellas que siguen sonando en un órgano que acabó, quién lo diría, en una capilla de Trujillo.

Sus hermanos Louis Martin y John Joseph, que diariamente conversan con él, aunque sea un breve saludo, y así se hacen presentes los unos a los otros.

Más atrás aún, la estirpe migrante.

Salvatore Giovanni Riggitano, maestro de lenguas que un día se hizo Jean/John Prevost; Suzanne Fontaine, llegada de Le Havre; Joseph Nerval Martinez y Louise Baquié, la memoria criolla de Nueva Orleans, francés en casa y dignidad sin concesiones.

Familias que supieron cruzar umbrales, rehacerse, sostenerse.

De ahí viene también su sentido de Iglesia: ensanchar la tienda, hacer sitio.

Pienso en san Agustín y los agustinos, que modelaron su ser: interioridad, vida común, servicio. La amistad como don. La comunidad como casa.

El lema que lo acompaña –*In Illo uno unum*– más que una frase bonita es programa de vida. «En el Uno, uno». Unidad en Dios para abrazar diversidades de carne y hueso.

Su primera misión lo llevó a Chulucanas, con la invitación de monseñor John McNabb. Allí lo acogieron los agustinos con la naturalidad de quien abre la puerta de casa.

Luego, el proyecto de formación en Trujillo y todos los aspirantes agustinos, de modo especial los que ya fallecieron: Gumersindo, Francisco, Venturo, Carlos, entre otros...

Gumersindo falleció en un accidente de tráfico, cerca de Lima; ya había decidido no continuar con la formación. Sus familiares pidieron a Roberto que les hiciera llegar su cuerpo desde el lugar del accidente hasta su casa, casi dos mil kilómetros de un trayecto de ida y vuelta.

Él lo hizo. De modo silencioso, llevando consigo el peso sagrado de la amistad hasta el último adiós.

Para poder recoger el cuerpo se identificó, y un periodista tomó mal la nota: el periódico local de Trujillo publicó que en ese accidente había fallecido el padre Roberto. La noticia llegó hasta la feligresía de la parroquia. La gente lloraba, acudía con el diario en la mano a dar el pésame a los agustinos. Y cuando lo vieron al abrir la puerta de su casa, estallaron en alegría.

Roberto, con calma, explicó lo sucedido.

Aquella confusión reveló algo más profundo: el cariño inmenso que le tenía su gente.

Recorrió gran parte del Perú, incluso zonas de difícil acceso, buscando y acompañando aspirantes agustinos y promoviendo la unidad.

Siempre fue un amigo cercano, abierto a todos.

Su cumpleaños se celebraba casi una semana, porque todos los barrios querían cantarle.

No escatimó recursos para atender a los que más sufrían, tanto en tiempos del *fujishock* como en las tragedias naturales que azotaron al país.

Cuando el ciclón Yaku lo anegó todo, caminó entre lodo y casas inundadas.

En pandemia, oxígeno y manos.

En los años de Sendero Luminoso, con amenazas y misioneros asesinados, eligió quedarse. No por inconsciencia. Por fidelidad.

En Chicago conocí su amistad con Ed Schmit; ambos forofos de los White Sox, y en gran medida me contagiaron esa pasión.

En Chiclayo también forjó muchas amistades, una de ellas con su secretario personal, el padre Edgard Iván Rimaycuna Inga.

Su manera de leer el Evangelio fue siempre concreta.

El ver, juzgar y actuar no quedó en manual: lo convirtió en ritmo pastoral. Primero mirar hondo, sin negar la complejidad; luego confrontar con Cristo y la Iglesia; y después decidirse por obras que curan, aunque nadie aplauda.

Por eso, con migrantes levantó casas de acogida; con familias sostuvo ollas comunes; con jóvenes sembró vocaciones; con pobres dignificó nombres.

Y su razón de León XIV no fue capricho. Hay un León más antiguo detrás: León XIII, la *Rerum novarum*, la cuestión social como herida abierta. Hay, también, una devoción antigua: Nuestra Señora del Buen Consejo en Genazzano; y un símbolo bíblico que lo persigue desde estudiante: Marcos, el león, evangelio directo, sin adornos, que ruge en el desierto cuando no queda más que la verdad.

En Roma, como prefecto, repetía lo esencial:

«No debemos escondernos en palacios; nuestra autoridad es la de servir y acompañar». Obispos con «olor a oveja». Cercanía sin exclusiones. Unidad frente a la polarización. No teoría: sinodalidad como camino y conversión. Su trayectoria pastoral lo confirma: en Chiclayo, obispo con las botas puestas, mezclado con su gente; en Roma, prefecto que escuchaba antes al pueblo de Dios para proponer al papa Francisco candidatos; en el papado, un pastor que insiste en la unidad como casa común.

In Illo uno unum: no adorno, sino síntesis de toda su vida, buscar la unidad en Dios para servir a todos.

Y la amistad…

La amistad de Agustín y sus amigos; la amistad de los barrios de Trujillo cantando cumpleaños; la amistad de Ed Schmit y una tarde de White Sox; la amistad de John Lydon escribiendo y caminando; la amistad que cruza ríos por la selva peruana; la amistad que no pasa de largo cuando alguien cae al borde del camino.

Pienso en todo ello mientras lo miro elevar el cáliz.

No hay cámaras.

No hay discursos.

Solo la liturgia y el peso de una amistad regalada por Dios.

Y me doy cuenta: este momento encierra la verdad de toda su vida.

La amistad no es adorno ni recurso pastoral.

Es su modo de creer, su modo de servir, su modo de ser.

Yo, testigo en primera fila, solo puedo repetir lo que tantas veces escuché en su voz:

–Gracias, Señor, por los amigos que nos das.

18

EL RUGIDO DEL LEÓN

16 de agosto de 2025

Cien días no bastan para definir un pontificado, pero sí para intuir un rumbo. En el caso de León XIV, esos días han sido suficientes para reconocer un tono: cercano, firme sin estridencias, marcado por la serenidad y la insistencia en palabras que se repiten como un latido. Desde su primer saludo en el balcón central de la basílica de San Pedro: «¡La paz esté con todos ustedes!», hasta sus mensajes a diplomáticos, jóvenes y comunidades religiosas, el papa ha ido tejiendo un mapa espiritual de prioridades.

Entre homilías, ángelus, discursos y mensajes, emerge un retrato coherente: un pastor que no busca titulares, sino sentido. Alguien que se sabe heredero de una tradición agustiniana y que quiere traducirla en claves para hoy: paz, amor, amistad, sinodalidad, cercanía a los pobres, confianza en los jóvenes, misión universal y espiritualidad mariana.

Siete temas que atraviesan su mensaje con la regularidad de una respiración. Son más que ideas: son caminos. Y en todos se filtra un hilo invisible que el papa no oculta: la amistad, entendida no como adorno, sino como nervio vital de la Iglesia.

1. La paz como primer gesto

La tarde del 8 de mayo, el nuevo pontífice que eligió llamarse León XIV, exclamó con firmeza: «¡La paz esté con todos ustedes!». No fue un formalismo, sino el eco del Evangelio: el saludo del Resucitado a sus discípulos atemorizados. León XIV lo dijo como si quisiera que cada sílaba calara en la multitud: paz desarmada, paz desarmante, paz humilde y perseverante.

Ese saludo se convirtió en clave interpretativa. En sus primeras homilías recordó que la paz no se decreta en despachos, sino que se construye desde abajo, con paciencia de artesano. A los diplomáticos acreditados ante la Santa Sede les habló de una «diplomacia de la paz», que no busca alianzas de poder sino caminos de reconciliación. Y en los ángelus repitió la urgencia de detener conflictos, de tender puentes, de no resignarse al ciclo del odio.

Lo notable es que nunca habló de paz en abstracto. Siempre la ancló en imágenes concretas: las familias que logran perdonarse, las comunidades que resisten al rencor, los jóvenes que prefieren el diálogo al insulto. «El mal no prevalecerá», dijo una y otra vez, con convicción.

En Pentecostés lo expresó con claridad: «El Espíritu nos educa a caminar juntos. La tierra descansará, la justicia se afirmará, los pobres se alegrarán y la paz volverá si dejamos de movernos como predadores y comenzamos a hacerlo como peregrinos». Predadores o peregrinos: en esa tensión describía no solo un estilo eclesial, sino un dilema de nuestras civilizaciones.

2. El amor y la amistad como núcleo

Si la paz fue la primera palabra, el amor ha sido la más repetida. En apenas tres meses, León XIV pronunció el verbo amar casi doscientas cincuenta veces. Para él, el amor no es un adorno piadoso, sino la raíz de todo ministerio.

En la misa *Pro Ecclesia*, al dirigirse a los cardenales, no habló de cargas administrativas ni de desafíos jurídicos. Los invitó a reconocerse como «comunidad de amigos de Jesús». Esa expresión, que ya había usado en sus años de pastor en Perú, se convertía en programa papal. La Iglesia no es una organización de poder, sino un tejido de amistades en Cristo.

La amistad, en sus labios, tiene densidad agustiniana. San Agustín había escrito que «feliz el que ama a Dios y al amigo en Dios, y al enemigo por Dios». León XIV recoge esa intuición y la actualiza: el cristiano no está llamado a la soledad ni a la competencia, sino a la amistad que sostiene, que escucha, que se deja transformar. «La Iglesia debe ser una red de misericordia y amistad, no una estructura de control», dijo en una audiencia general.

Lo notable es cómo encarna esa idea. Se detiene a bendecir y saludar a los niños, bromea con sencillez en encuentros informales, visita la curia agustiniana para compartir comida, como lo hacía antes de ser papa. Son gestos mínimos, pero reveladores: muestran que la autoridad, para él, no se mide por la distancia, sino por la cercanía.

El amor, en su predicación, no es concepto etéreo: es una práctica de amistad. Por eso su insistencia no cansa: cada repetición añade un matiz. Amar a Dios, amar al prójimo, amar a los pobres, amar incluso en medio del conflicto. El amor, entendido como servicio, se convierte en medida de credibilidad.

En estos primeros cien días, esa convicción se tradujo en frases que resuenan con sencillez y firmeza. «Con ustedes soy cristiano, para ustedes, obispo» –citando a san Agustín–, resumió lo que será su estilo: compartir la fe como uno más, y al mismo tiempo cargar la cruz del ministerio petrino como servicio a todos

3. Sinodalidad: caminar juntos

El 25 de mayo, en la basílica de San Juan de Letrán, León XIV se presentó como obispo de Roma, heredero de una tradición que lo desborda y lo sostiene. Allí recordó la sentencia de san Agustín: «... cristiano con ustedes y obispo para ustedes». No era una cita erudita: era su modo de situarse. Desde esa clave explicó lo que entiende por sinodalidad: un estilo de Iglesia que escucha, discierne y camina en compañía.

En Pentecostés desarrolló la imagen con una claridad que dejó huella. Explicó que la palabra sinodalidad encierra dos dimensiones: *syn*, que significa «con», y *hodós*, «camino». «Somos un pueblo en camino –dijo– y el Espíritu nos educa a caminar juntos. La tierra descansará, la justicia se afirmará, los pobres se alegrarán y la paz volverá si dejamos de movernos como predadores y comenzamos a hacerlo como peregrinos».

Predadores o peregrinos: la dicotomía se clava en la memoria. León XIV sabe que la Iglesia arrastra heridas de clericalismo y divisiones. Por eso repite que solo la escucha puede regenerar la comunión. La sinodalidad, para él, no es un expediente administrativo ni una concesión democrática: es la forma concreta de reflejar la comunión trinitaria. Dios mismo es relación, y la Iglesia, si quiere ser fiel, debe vivir como comunidad que se deja interpelar.

El estilo se notó en sus primeros encuentros con los cardenales y con los obispos italianos: habló menos que escuchó, preguntó más que afirmó, pidió consejo con sencillez. En una de esas reuniones admitió: «Yo mismo necesito que me hablen, que me corrijan. El papa no camina solo, camina con la Iglesia».

En la plaza, frente a jóvenes y familias, repite el mismo mensaje: no se trata de solistas ni de voces aisladas, sino de un coro. La Iglesia, insiste, debe aprender a cantar en armonía sin ahogar las diferencias. Ese es el tono de su sinodalidad: ni uniformidad ni caos, sino comunión paciente y fraterna.

4. Los pobres y los descartados

«Nadie sobra en la casa de Dios». Con esta frase, pronunciada durante la Jornada Mundial de los Pobres, León XIV dejó claro que su pontificado no busca refugiarse en palacios, sino descender a las periferias.

Los pobres, los migrantes, los ancianos olvidados, los enfermos: todos aparecen en sus mensajes. En los primeros cien días, cada audiencia, cada ángelus, cada discurso incluyó a los excluidos. «La credibilidad de la Iglesia –advirtió– se mide por su capacidad de detenerse ante el caído, como el samaritano. No basta proclamar principios: hay que arrodillarse junto a los heridos».

Sus palabras no son abstractas. Están respaldadas por su propia trayectoria vital: en Perú, levantó plantas de oxígeno durante la pandemia, caminó entre el lodo tras las inundaciones, medió en conflictos sociales en los Andes. Ahora, como papa, esa memoria se convierte en criterio universal: una Iglesia que no se detiene ante el dolor no es la Iglesia de Cristo.

En estos primeros meses, también ha hablado con insistencia de la dignidad de los ancianos y de los abuelos, recordando que la sociedad tiende a descartarlos. «Ellos custodian la memoria, ellos transmiten la fe. No podemos tratarlos como si fueran una carga».

El hilo es claro: León XIV mide todo en función de los últimos. Su voz, pausada pero firme, resuena como una denuncia sin estridencias: una Iglesia que pasa de largo se traiciona a sí misma.

5. Los jóvenes como promesa y misión

Pocas veces un papa ha dedicado tanto tiempo, en tan poco plazo, a hablar con los jóvenes. En el Jubileo de la Juventud, en la Plaza de San Pedro, León XIV los miró de frente y habló sin papeles: «Ustedes son la primavera de la Iglesia. No se dejen robar la alegría. Sus preguntas, incluso sus dudas, son semillas de fe. No tengan miedo de buscar ni de confrontar. La amistad de Cristo los sostiene».

La escena fue reveladora. No les pidió que fueran perfectos, sino que se atrevieran a preguntar. No los trató como problema, sino como promesa. En su discurso repitió varias veces la palabra alegría: no como euforia superficial, sino como signo de autenticidad.

A los seminaristas, en otra ocasión, les dijo: «El sacerdote no es un solista, es parte de un coro». La imagen musical condensaba su visión: cada vocación es coral, ninguna autosuficiente. Les pidió vivir la fe en comunidad, no aislarse.

Con los llamados «misioneros digitales» fue directo: «El Evangelio no se transmite solo con palabras, sino con la belleza de la amistad». En un mundo saturado de ruido, les pidió sembrar esperanza en las redes. No los acusó de perder el tiempo en internet, sino que los desafió a usarlo como espacio de misión.

En todos sus mensajes, la amistad reaparece como clave. Amistad con Cristo, amistad entre ellos, amistad como modo de evangelizar. Los jóvenes, para León XIV, no son espectadores: son protagonistas de una misión que se juega en plazas, escuelas, redes y familias.

6. La misión universal de la Iglesia

«Mi vocación, como la de todo cristiano, es ser misionero, anunciar el evangelio allí donde uno se encuentra». En esta frase se condensa la perspectiva misionera de León XIV.

La misión, para él, no es expansión ni conquista. En Pentecostés lo dijo con fuerza: «La evangelización no es conquista humana, sino gracia infinita que se difunde a través de vidas transformadas por el Reino de Dios».

Ese tono se tradujo en palabras dirigidas a los movimientos populares: «Ustedes, los pequeños, los pobres, los descartados, son la levadura de una humanidad nueva. La Iglesia quiere caminar con ustedes, no para sustituirlos, sino para aprender de su lucha».

A los obispos les recordó que ser pastores significa «caminar con el pueblo, no delante de él como caudillos ni detrás como funcionarios». Y a los laicos, que su misión es tan indispensable como la de los ministros ordenados.

La misión universal, en estos primeros cien días, no se expresó en grandes planes estratégicos, sino en una convicción repetida: la Iglesia existe para salir de sí misma. La misión no es opcional: es la identidad misma del cristiano.

7. María y la espiritualidad de la confianza

En cien días, León XIV mencionó a María más de un centenar de veces. La presentó siempre como madre cercana, intercesora que camina junto a la Iglesia. Desde su primer saludo recordó que el 8 de mayo era la súplica a la Virgen de Pompeya y rezó con todos un avemaría.

Su tono mariano no es ornamental: es confianza radical. «Nuestra Madre siempre quiere caminar con nosotros, ayudarnos con su intercesión y su amor», dijo en el balcón central de la basílica de San Pedro. Y en varias homilías la presentó como mujer de escucha y de confianza, modelo de la Iglesia sinodal.

En la Visitación recordó que la alegría cristiana nace del encuentro, y que María es icono de esa alegría discreta que une generaciones. Su devoción, marcada por su pertenencia agustiniana a la Virgen del Buen Consejo, reaparece en cada invocación.

Para León XIV, María no es un refugio que aísla, sino una madre que impulsa. La confianza mariana sostiene su espiritualidad: confiar no es cerrar los ojos, sino abrirlos a una certeza más honda.

Epílogo: la amistad como atmósfera

Al repasar los escritos de estos cien días, un hilo invisible lo atraviesa todo: la amistad. Amistad con Cristo, que es raíz de todo. Amistad entre creyentes, que sostiene la Iglesia. Amistad con los pobres y con los jóvenes, que da credibilidad a la misión.

León XIV no usa la amistad como metáfora blanda. La sitúa como atmósfera, como método, como clave pastoral. Por eso en cada discurso aparece, explícita o implícita. La amistad es lo que convierte la paz en realidad, el amor en práctica, la sinodalidad en camino, la misión en horizonte.

Al cumplir sus primeros cien días, León XIV ha dejado claro que su pontificado no será de eslóganes ni de gestos vacíos. Será, más bien, un tiempo marcado por la paciencia del evangelio y por la convicción de que todo empieza en vínculos de amistad. Y que en esos vínculos –especialmente con los jóvenes– se juega el futuro de la Iglesia.

CRONOLOGÍA

- 14 de septiembre de 1955. Nace en Chicago. Es el tercer hijo de Louis Marius Prevost y de Mildred Prevost (Mildred-Agnes Martinez). Hermano de Louis Martin y John Joseph.
- 1969-1973. Realiza sus estudios secundarios (seminario menor) en el Saint Augustine High School Seminary, en Holland, Michigan.
- 1973-1977. Realiza el grado en matemáticas y filosofía en la Universidad de Villanova, Pensilvania.
- 1 de septiembre de 1977. Ingresa al noviciado de la provincia agustina de Nuestra Señora del Buen Consejo, en San Luis, Misuri.
- 2 de septiembre de 1978. Emite la primera profesión de sus votos de castidad, pobreza y obediencia.
- 1978-1981. Realiza el Master of Divinity en la Catholic Theological Union de Chicago.
- 29 de agosto de 1981. Profesa solemnemente sus votos en la Orden de San Agustín.
- 10 de septiembre de 1981. Es ordenado diácono en la parroquia de Santa Clara de Montefalco en Grosse Pointe Park, Michigan.
- 19 de junio de 1982. Es ordenado presbítero en la capilla de Santa Mónica, Roma.

- 1984. Obtiene la licenciatura en Derecho Canónico en la Pontificia Universidad de Santo Tomás de Aquino en Roma.
- 1985-1986. Es enviado a la misión de Chulucanas: se desempeña como vicario parroquial de la catedral y canciller de la diócesis.
- 1987. Obtiene el doctorado en Derecho Canónico en la Pontificia Universidad de Santo Tomás de Aquino en Roma, con la tesis: *El rol del prior local en la Orden de San Agustín*, con la calificación *magna cum laude*.
- 1987-1988. Le encargan la promoción de la pastoral vocacional agustina en su provincia.
- 1988. Es enviado a Trujillo, Perú, para dirigir la formación de los aspirantes agustinos del vicariato San Juan de Sahagún de Chulucanas. A este proyecto, posteriormente, se unen los vicariatos agustinos de Apurímac-Cusco y de Iquitos.
- 1998. Es elegido provincial de la provincia de Nuestra Señora del Buen Consejo de Chicago. Asumió el cargo el 8 de marzo de 1999.
- 2001. Es elegido prior general de la Orden de San Agustín. En 2007 es reelegido.
- Octubre de 2013. Regresa a Chicago como formador, consejero y vicario provincial de la provincia de Nuestra Madre del Buen Consejo.
- 3 de noviembre de 2014. El papa Francisco lo nombra obispo titular de Sufar y administrador apostólico de Chiclayo.
- 7 de noviembre de 2014. Toma posesión canónica de la sede de Chiclayo.
- 12 de diciembre de 2014. Es ordenado obispo.

- 26 de septiembre de 2015. Es nombrado obispo de Chiclayo.
- 13 de julio de 2019. Es nombrado miembro del Dicasterio para el Clero.
- 15 de abril de 2020. Es nombrado administrador apostólico del Callao.
- 21 de noviembre de 2020. Es nombrado miembro del Dicasterio para los Obispos.
- 30 de enero de 2023. Es nombrado prefecto del Dicasterio para los Obispos y presidente de la Pontificia Comisión para América Latina, y elevado a la dignidad de arzobispo *ad personam*. Asume el cargo el 12 de abril.
- 30 de septiembre de 2023. Es creado cardenal, con el título de cardenal diácono de Santa Mónica. Toma posesión formal de su iglesia titular el 28 de enero de 2024.
- 6 de febrero de 2025. Es promovido al orden de los obispos del colegio cardenalicio, asignándole la sede suburbicaria de Albano.
- 8 de mayo de 2025. Es elegido papa. Y toma por nombre León XIV.